$L n^{27} 2622$

~~L. Abry~~

Recueillis par M. de Langlade,
Baron de Saumieres.

MEMOIRES
DE LA VIE
DE FREDERIC MAURICE
DE LA TOUR D'AUVERGNE,
DUC
DE BOUILLON.

Avec quelques particularitez de la Vie & des mœurs de Henri de la Tour d'Auvergne, Vicomte de Turenne.

frere du précedent

A PARIS,
AU PALAIS,
Chez PIERRE TRABOUILLET,
dans la Galerie des Prisonniers, à l'Image
Saint Hubert, proche le Greffe des
Eaux & Forests.

M. DC. XCII.
AVEC PRIVILEGE DU ROI.

LES Memoires que l'on donne au public ont été composez par feu Messire Jacques de Langlade, Baron de Saumieres, Secretaire du Cabinet du Roi. On les a trouvez aprés sa mort parmi ses papiers ; & comme il y en avoit quelques Copies informes entre les mains de certaines personnes qui pouvoient les faire paroître, Madame de Lan-

PREFACE.

glade sa veuve a bien voulu donner l'Original sur lequel cette Edition a été faite.

PRIVILEGE du Roy.

LOUIS PAR LA GRACE DE Dieu, Roi de France et de Navarre: A nos amez & feaux Conseillers, les Gens tenans nos Cours de Parlemens, Maistres des Requestes ordinaires de nôtre Hôtel, Baillifs, Seneschaux, Prevosts, leurs Lieutenans, & tous autres nos Justiciers & Officiers qu'il appartiendra. SALUT: Nôtre amé PIERRE TRABOUILLET Marchand Libraire, nous a fait remontrer qu'il desireroit faire imprimer un Livre intitulé, *La Vie de Frederic Maurice de la Tour d'Auvergne, Duc de Bouillon, Souverain de Sedan: Avec quelques particularitez de la Vie de Henry de la Tour d'Auvergne, Vicomte de Turenne, Maréchal de France*; le tout recueilly par deffunt Jacques de Langlade Baron de Saumieres, Secretaire de nôtre Cabinet; ce qu'il ne peut faire sans nos Lettres sur ce necessaires, qu'il nous a tres-humblement fait supplier lui vouloir accorder. A CES CAUSES, voulant favorablement traiter ledit Exposant, nous lui avons permis & permettons par ces Presentes, de faire imprimer en tel volume, marge, & caractere que bon lui semblera ledit Livre durant le temps de huit années consecutives, à commencer du jour qu'il sera imprimé; icelui vendre & distribuer par tout nôtre Royaume : Avec deffenses à tous Libraires, Imprimeurs, & autres, d'imprimer, vendre & distribuer ledit Livre sous quelque pretexte que ce soit, même d'impression étrangere, sans le consentement dudit Exposant, ou de ceux qui auront droit de lui, sur peine de confiscation des Exemplaires, de deux mil livres d'amende, applicable moitié audit Exposant, & l'autre moitié à l'Hôtel-Dieu de Paris, dépens, dommages & interests : à la charge d'en mettre deux Exemplaires en nôtre Bibliotheque publique, un en nôtre Cabinet des Livres de nôtre Château du Louvre, & un en celle de nôtre tres-cher & feal Chevalier, Chancelier de France, le Sieur Boucherat, avant que de les exposer en vente. A la charge d'imprimer ledit Livre sur de bon papier, & en bon caractere, suivant le Reglement de l'année mil six cens dix-huit, concernant la Librairie, à peine de nullité des Presentes : Du contenu desquelles vous mandons & enjoignons faire joüir l'Exposant, & ses ayant cause, plainement & paisiblement ; cessant & faisant cesser tous troubles & empêchement contraires. Voulons qu'en mettant au commencement ou à la fin dudit Livre l'Extrait des Presentes, elles soient tenuës pour deuëment signifiées, & qu'aux copies collationnées par l'un de nos amez & feaux Conseiller-Secretaire foi soit ajoûtée comme à l'Original. Mandons au premier nôtre Huissier ou Sergent sur ce requis de faire pour l'execution des Presentes tous Exploits necessaires : CAR tel est nôtre plaisir. DONNE' à Paris le dix-huitiéme jour d'Aoust l'an de grace mil six cent quatre-vingt-douze, & de nôtre regne le cinquantiéme. Signé, Par le Roi en son Conseil, NOBLET: Et scellé.

Registré sur le Livre de la Communauté des Libraires & Imprimeurs de Paris le 29. Aoust 1692.
Signé P. AUBOUYN, Syndic.

Achevé d'imprimer pour la premiere fois le 12. Septembre 1692.

MEMOIRES

MEMOIRES
DE LA VIE
DE FREDERIC MAURICE
DE LA
TOUR D'AUVERGNE,
DUC
DE BOUILLON.

LA vanité feule porte d'ordinaire les hommes à écrire les choses considerables dont ils ont eu connoissance. Ils pretendent joüir d'une gloire presente, &

rendre encore leur nom recommandable à la posterité. Pour moi je puis assurer que ce ne sont pas ces motifs qui m'obligent d'entreprendre ces Memoires. Ce qui me fait croire qu'en cette occasion je juge sainement de moi, c'est que je ne les aurois jamais commencez, si je ne m'étois fait une extrême violance, & si je ne les avois regardez comme un devoir indispensable. Quelque précaution que l'on prenne, il arrive d'ordinaire mille inconvenians de ces sortes d'entreprises. L'un des plus sages hommes de nôtre siecle, & de la premiere qualité du Royaume, a vû sa maison en peril, par l'infidelité d'un copiste, & par la malice d'un homme qui l'avoit corrompu. D'ailleurs quelque intention qu'on ait de n'écrire que pour soi, & de ne rien laisser paroître qu'aprés sa mort, je voi qu'on change bientôt de sentiment ; & que sous pretexte de faire voir une grande confience, ou de vouloir prendre conseil, on cherche volontiers des confidens pour trouver des approbateurs : en sorte que dans le grand nombre d'amis que l'amour propre, & nôtre presomption, nous font choisir en ces occasions, l'on trouve toujours quelque indiscret, ou quelque infidele, qui rend publiques des veritez desagreables, qu'on ne pardonne jamais : & il est impossible que sans parler de plusieurs personnes, je puisse faire des Memoires de la vie d'un homme, qui a eu la principale part à tant de grandes affaires. Si je puis dire encore mon inclination naturelle, je remplirois de toute autre occupation l'oisiveté dans laquelle ma mauvaise fortune m'a jetté depuis plusieurs années. Mais la memoire du Duc de Bouillon m'est si chere, & me doit être dans une si grande veneration, que je me reproche tous les jours d'avoir demeuré si long-temps à écrire ce que je sçai de ce grand homme.

C'est inutilement que j'ai tâché d'apprendre quelque chose de son enfance. J'eusse desiré d'en pouvoir parler, étant persuadé, par plusieurs Observations que j'ai faites, que d'ordinaire on commence à découvrir dans ce bas âge ce qu'on doit attendre des hommes. Et lorsque ceux à qui on laisse le soin de les élever manquent de bien connoître la portée de leur esprit, les qualitez du cœur, leur genie, enfin leurs inclinations particulieres, & leur naturel en general, c'est faute de lumiere, ou d'application. Je ne doute point aussi que le plus souvent nous ne soyons portez au bien, ou au mal, & à toutes sortes d'emplois selon les premieres impressions, & les exemples qu'on nous donne. Sur ce fondement je ne puis assez m'étonner du peu de soin qu'on prend de l'éducation des enfans. Car soit qu'on regarde la Religion, dans l'esprit d'un veritable Chrétien, soit qu'on consulte la prudence humaine seulement, je ne crois pas qu'il y ait rien au monde qui soit d'une pareille conséquence. Je sçai bien qu'il y a des naturels si declarez, & dont le penchant est si rapide vers le mal, qu'il est presque impossible de les changer : mais il y en a peu que par un grand soin, & beaucoup de prudence, l'on ne puisse redresser, si l'on commence à y travailler de bonne heure. L'on voit ce que Seneque & Burrhus ont pû durant quelque temps sur les cruelles inclinations de Neron. Ils en eussent peut-être fait un honneste homme, si comme un particulier il eût été assujetti aux loix, & obligé d'élever sa fortune par des actions de vertu. Mais la grandeur de sa naissance l'empêchant de rien craindre, & cette même grandeur le mettant hors d'état de pouvoir presque rien desirer, il suivit enfin tous les mouvemens de son mauvais naturel. Mais je m'apperçoi que ce discours n'est déja que trop long sur un sujet qui n'a pas beaucoup de raport à celui que je me suis proposé.

LIVRE PREMIER.

Frederic Maurice de la Tour d'Auvergne étoit fils d'Henri de la Tour d'Auvergne, Duc de Bouillon, Souverain de Sedan, & d'Isabelle de Nassau.

IL seroit superflu de parler de la maison du Duc de Bouillon. Toute la France sçait qu'elle est par son ancienneté, & la grandeur de son origine, une des plus illustres entre les premieres du Royaume : & les Etrangers la connoissent assez par ses frequentes alliances avec les principales maisons de l'Europe, & par les Souverainetez de Bouillon & de Sedan, qui y sont entrées dans le siecle passé.

Je ne dirai aussi que peu de chose de la premiere jeunesse du Duc de Bouillon, parce que je n'en ai point de Memoires aussi exacts que j'aurois desiré, & je ne veux rien avancer que je n'aye vû, & dont je ne sois tres-assuré.

Il fit ses études à Sedan, où il eut pour Precepteur le Ministre du Moulin, homme fort estimé pour son sçavoir. Il l'éleva dans la religion pretendue reformée, dont Monsieur son pere & Madame sa mere faisoient profession. Sa premiere sortie fut en Holande à l'âge de seize ans. Ce Païs étoit alors le theatre de la guerre, & selon l'opinion de tout le monde la meilleure école pour en apprendre le métier. Le Prince d'Orange son oncle qui passoit pour un des plus grands Capitaines de son temps le fit commencer par une Enseigne dans le Regiment de Maisonneuve.

J'ai oüi dire que dans ce commencement il ne parut en lui rien d'extraordinaire, & que même il fut un peu tardif à se déveloper. Il parloit peu, & demeuroit assez enfermé en soi-même, & dans son domestique. Mais enfin il se fit connoître, & s'acquit une grande estime dés qu'il commença d'avoir quelque intelligence dans la guerre, & dans les affaires du Païs. Cela fit voir que ce silence & cette inclination à se retirer en son particulier ne venoit que de son grand sens naturel, qui ne lui permettoit pas de parler des choses sans les entendre.

Il étoit alors curieux à un point qu'il s'enqueroit de tout, & entroit dans le détail des moindres choses pour les sçavoir à fonds. Mais pour satisfaire sa curiosité il ne s'adressoit qu'aux personnes avec qui il étoit fort familier. Il se laissa d'abord un peu aller aux plaisirs de la jeunesse, même à ceux de la table : il y étoit guai au dernier point, sans neantmoins s'emporter aux grands excés. Il devint en peu de temps actif & vigilant ; sur tout familier jusqu'à se rendre populaire lorsque cela convenoit à ses desseins : talent dont je l'ai vû se servir admirablement dans la suite de sa vie en des occasions tres-importantes.

Le Prince d'Orange le voyant changé de la sorte, & lui trouvant une forte inclination pour la guerre, commença à prendre un peu plus de soin de le former. Il le commandoit dans toutes les occasions où il y avoit de la gloire à acquerir, ou quelque chose à apprendre. Le Duc de Bouillon répondit si avantageusement à ses desseins & à ses esperances, que je l'ai ouï loüer à plusieurs personnes pour s'estre signalé dés-lors par son courage & par son intelligence en plusieurs occasions.

Une des plus considerables fut à Boisleduc. Le Prince d'Orange l'ayant assiegé, la longue resistance des assiegez avoit tellement affoibli & rebuté son Armée, que ne se croyant pas en état d'empêcher d'entrer dans la Place un grand convoi que les Ennemis se disposoient d'envoyer, la resolution de lever le siege avoit été prise secretement dans le conseil. Le Duc de Bouillon en ayant été averti demanda avec une grande instance qu'on lui permît d'aller s'opposer à ce secours. Il exposa au Prince d'Orange la maniere dont il pretendoit se conduire dans ce dessein. Le Prince d'Orange le trouvant admirablement bien conçû, le proposa au Conseil: il y fut resolu qu'on en laisseroit tenter le succés. Le Duc de Bouillon prit donc les troupes qu'il avoit demandées pour l'execution de son entreprise. Il la conduisit si bien, qu'ayant fait une marche extraordinaire pour trouver les Ennemis en un lieu où il avoit projetté de les combattre, parce qu'il lui étoit avantageux, il les y attaqua, les défit, prit prisonnier celui qui les commandoit ; & le convoi destiné pour le secours de la Place fut amené dans le Camp du Prince d'Orange.

Cette action donna une grande reputation au Duc de Bouillon, & commença à le faire regarder comme un homme extraordinaire. Il s'acquit le cœur des troupes par l'opinion qu'elles conçûrent de son courage, & de ses grands talens pour la guerre ; mais plus encore par un carctere de bonté naturelle qui se faisoit voir en toutes ses actions, par sa modestie à parler de lui-même, & par une grande familiarité hors du commandement. Il n'étoit pas beau, mais il avoit bonne mine. Il étoit de belle taille, il avoit un grand front, de grands yeux plains de feu, les sourcils grands & assez gros, mais separez, rien de rude ni dans l'esprit, ni dans l'humeur, mais quelque chose de grand & de fier dans son air & dans sa démarche. Il connoissoit jusques aux moindres Officiers, & afin qu'ils n'en pussent douter, il affectoit de les appeller par leur nom : maniere de traiter avec les subalternes toujours bien-seante & fort politique à un grand Seigneur.

Les Estats en general & en particulier ne pouvoient se lasser de lui donner des loüanges, qu'on devoit croire d'autant plus sinceres qu'elles avoient pour fondement leur gloire & leurs avantages : car cet évenement fit rendre Boisleduc, place d'une extrême consequence pour eux, & qui donna une grande reputation à leurs armes. Ils commencerent à recompenser ce service par le Gouvernement de Mastric qu'ils donnerent au Duc de Bouillon. Le Prince d'Orange témoignoit de la joye de toutes ces choses ; peut-être qu'il ne les eût pas vûës sans peine & sans jaloufie si elles ne lui eussent fait naître une pensée qui convenoit à ses interêts. Il étoit déja fort vieux, & n'avoit qu'un fils encore au berceau, en sorte que n'esperant pas de pouvoir vivre assez long-temps pour le voir en âge de remplir

sa

sa place, & trouvant tous les esprits bien disposez pour le Duc de Bouillon, il jetta les yeux sur lui pour lui laisser en mourant le Gouvernement des Etats comme par depôt, & pour l'attacher encore plus étroitement à lui, qu'il ne l'étoit par la qualité de son neveu, il resolut d'en faire son Gendre; mais il crut qu'il étoit de la prudence d'attendre une autre conjoncture pour lui declarer sa pensée.

Les choses étoient en cet état, lorsque dans le temps du Carnaval, que les troupes étoient en quartier d'Hyver, le Duc de Bouillon voulut aller inconnu voir Bruxelles. Ce voyage qu'il n'entreprît que comme une chose indifferente, pour se divertir seulement, & satisfaire

B

sa curiosité, changea cependant tout le plan de sa fortune, & devint par l'enchaînement des choses le fondement de tous les biens, & de tous les maux de sa vie. Ainsi l'on void tous les jours la destinée des plus grands hommes, & même des plus grands Etats, rouler sur des choses qui d'abord ne nous ont paru d'aucune consequence, & nous trouvons aussi tres-souvent que si ce qu'on a si ardemment souhaité avoit réussi, nous serions malheureux; au lieu que tout nôtre bonheur vient de ce que les choses que nous craignions sont arrivées malgré nous. Cependant l'on ne se rebute jamais de faire des projets, & de se donner la gloire des bons succés, bien que souvent on en ignore les causes, & qu'on n'en prévoye jamais les suites. Si à des preuves si claires que nous avons de nôtre vanité & de nôtre peu de lumiere, nous ajoûtons les sentimens que nous devrions avoir comme Chrétiens, nous ferions sans doute paroître plus de force dans les évenemens fâcheux, parce que nous y regarderions la main de Dieu, & nous aurions moins d'inquietude dans nos desseins, parce que nous n'en formerions jamais qu'avec une soûmission entiere à l'ordre de la Providence.

La Cour de Bruxelles étoit une des plus belles de l'Europe lorsque le Duc de Bouillon y arriva. Le Duc d'Orleans s'y étoit retiré, & avoit été suivi de quelques personnes de la premiere qualité du Royaume, & d'un grand nombre de noblesse. L'Infante Isabelle y avoit aussi attiré les principales maisons des Païs-bas, dont elle étoit Gouvernante. Le Duc de Bouillon y vid Mademoiselle de Bergh à un Bal. C'étoit une personne d'une grande naissance, d'une beauté surprenante, & dans une reputation d'avoir beaucoup d'esprit & de sagesse, mais Catholique, & sans aucun bien. Le Duc de Bouillon ayant appris son nom, trouva qu'elle étoit sa parente. Mais ce fut par une raison plus forte que celle du sang qu'il desira d'en être connu avant que de s'en retourner. Les visites qu'il lui rendit l'engagerent encore davantage. Il partit neantmoins sans lui parler de l'impression qu'elle avoit faite sur lui, mais non pas sans qu'elle s'en apperçût. Le bruit de sa passion se répandit bien-tôt en Holande par ceux qui l'avoient accompagné à Bruxelles : & comme personne ne pouvoit s'imaginer que cela pût aller au mariage, à cause de tant de raisons qu'il avoit de n'y pas penser, l'on en parloit seulement comme d'une avanture de voyage, & devant lui-même. Mais quelque temps aprés il retourna à Bruxelles avec beaucoup de peril, & sous un pretexte assez leger. Ce second voyage ne permit plus de douter que le Duc de Bouillon ne fut plus passionné qu'on n'avoit crû. Il trouva à son arrivée qu'on parloit de marier Mademoiselle de Bergh avec le Comte de Bossu.

La gloire & la jalousie se joignirent à l'amour, & obligerent le Duc de Bouillon à se declarer pour le mariage. Il s'en retourna par Sedan pour proposer son dessein à Madame sa mere. Elle s'y trouva d'autant plus contraire, qu'elle sçavoit alors que le Prince d'Orange son frere lui destinoit celle de ses filles; que l'Electeur de Brandebourg épousa dans la suite. D'ailleurs Madame de Bouillon avoit toujours eu dans l'esprit, que sur tout le Duc de Bouillon se mariât avec une personne de sa religion : & l'on peut dire qu'il pouvoit choisir en France de tous les partis heretiques, & aspirer à tous ceux qui pouvoient estre hors du Royaume.

Lorsqu'il fut de retour en

Holande, le Prince d'Orange & ses veritables amis firent tous leurs efforts pour le détourner de ce mariage : & comme il avoit un grand esprit & une grande ambition, il se disoit à lui-même des raisons encore plus fortes. Mais elles ne servoient qu'à augmenter ses inquietudes. Car lorsque l'absence & les difficultez ne détruisent pas les premieres impressions de l'amour, elles en font une passion violente, que rien ne peut changer.

Aprés que le Duc de Bouillon eût demeuré prés d'un an dans cet état, l'esprit en suspens, & le cœur partagé entre l'opposition de son amour & de sa fortune, il prit enfin sa resolution, & Madame sa mere, & le Prince d'Orange n'ayant pû empêcher le mariage, l'approuverent, aprés qu'il fut fait. L'amour a souvent fait négliger aux plus grands hommes les avantages de la fortune, même dans un âge plus avancé que celui où étoit le Duc de Bouillon. Mais je dirai seulement ce mot en sa faveur, & à l'honneur de Madame sa femme, que je ne crois pas qu'il se soit jamais repenti de l'avoir épousée. Le Duc de Bouillon ayant demeuré quelque temps à Sedan, où il mena d'abord Madame sa femme, il passa en Holande avec elle, où par un privilege de la beauté & du merite, chacun approuva le choix qu'on avoit tant condamné.

De la Haye le Duc de Bouillon vint à Mastric pour donner ordre

ordre à son Gouvernement, puis il retourna à Sedan, dans le dessein d'y faire quelque sejour. Sa premiere occupation fut de prendre une entiere connoissance de ses affaires, qu'il acquit avec d'autant plus de facilité que jamais homme n'a eu tant d'ordre dans l'esprit. Cela paroissoit jusques aux moindres choses. Il n'estoit pas en son pouvoir de ne les regarder que superficielement, comme la pluspart des grands Seigneurs qui se font une vertu d'une confience aveugle à leurs gens d'affaires, & qui ne s'apperçoivent de leur ruine que lors qu'elle est sans remede : pour luy il voyoit & examinoit tout sans neantmoins y apporter cet esprit de chicane & de basse œconomie, où l'on tombe souvent par une trop grande exactitude, tant les vertus & les vices contraires font proches les uns des autres. Il differoit même sans peine ces sortes de soins, lorsque des occupations plus importantes demandoient tout son temps. Il étoit laborieux au dernier point, mais sans inquietude. Il ne se rebutoit jamais par la veuë d'aucun travail d'esprit, ni de corps, quelque grand qu'il pût estre : mais il étoit tellement à tout ce qu'il faisoit, que dans les occasions de divertissement on eût dit qu'il n'étoit né que pour se divertir : en sorte que dans une société particuliere il apportoit un air si accommodant, & un esprit si dégagé, qu'on eût bien eu de la peine à y découvrir ses grandes qualitez : & à le voir dans les grandes affaires, on ne l'eut jamais jugé capable de se reduire à une vie privée, comme il s'y reduisoit lorsqu'il étoit necessaire.

Comme les affaires qu'il pouvoit avoir à Sedan n'étoient pas capables de remplir tout son temps, il s'appliqua à la lecture, & étant tombé sur les livres de Calvin, Madame sa mere en témoigna beaucoup de joye, persuadée que cela aideroit à l'affermir dans la Religion. Mais quand elle vid que de la lecture il passoit aux doutes, & des doutes au desir de s'éclaircir, elle commença à s'allarmer, sur tout lorsque du Moulin l'avertit que le Duc de Bouillon lui avoit proposé de conferer en sa presence avec un Religieux qu'on estimoit fort sçavant dans la Controverse: alors elle lui parla pour le détourner de ce dessein, & lui fit voir ses craintes & sa douleur.

Le Duc de Bouillon avoit toujours eu une grande tendresse & un grand respect pour Madame sa mere, & la crainte de lui déplaire étoit alors dautant plus grande en lui, & d'autant plus raisonnable qu'il lui avoit déja beaucoup déplû par son mariage.

Ces considerations suspendirent pour quelque temps la conferance : cependant il la souhaitoit ardament, parce que du Moulin avançoit beaucoup de choses contre la Religion Catholique, ausquelles le Duc de Bouillon ne pouvoit répondre. Il passa quelques mois en cet état : mais enfin pressé de ses incertitudes dans une affaire de cette consequeuce, il se resolut de parler à du Moulin, & de lui parler en maître. Il lui dit donc qu'il vouloit proposer ses difficultez en presence de ce Religieux, & d'une autre personne fort habile qu'il avoit fait venir à Sedan: mais il lui défendit d'en donner aucune connoissance à Madame sa mere. Il se fit enfin plusieurs conferences secrettes, aprés lesquelles le Duc de Bouillon demeura entierement convaincu de la fausseté de sa Religion. Il en fit abjuration, mais en particulier pour ménager la douleur de Madame sa mere, & en la ménageant tâcher avec le temps de l'attirer elle-même à la connoissance de la verité. Cela devint sa plus grande application, & l'on peut s'imaginer s'il oublia rien dans une affaire si importante, & dont le succés lui devoit épargner tant de peines.

Mais ce qui se passa là-dessus, & dans l'espace de deux ans qu'il demeura à s'éclaircir, ou à se faire instruire seroit superflu, & trop long pour le mettre ici. Je dirai seulement que je ne crois pas que jamais homme de sa qualité & de sa profession ait été mieux instruit, ni plus persuadé de sa Religion.

Lorsqu'il étoit en cet état, il eut avis que les Espagnols marchoient vers Mastrich, apparament pour l'assieger. Il n'avoit pas de temps à perdre pour se jetter dans la Place. Il partit donc dans le moment, & la trouva investie. Il y entra neantmoins heureusement, mais non pas sans peril. Il la défendit avec beaucoup de vigueur, & se signala par de frequentes sorties : en sorte que le Prince d'Orange ayant eu le temps d'assembler ses troupes, & de marcher, les Ennemis le voyant approcher, leverent incontinent le siege.

Le Duc de Bouillon trouva là Beringuan pour qui il avoit beaucoup d'estime & d'amitié. C'étoit un Gentilhomme de merite. Le Cardinal de Richelieu l'avoit exilé, parce qu'il étoit fort bien auprés de Loüis XIII. & qu'il joignoit à une grande fidelité beaucoup de sagesse & de courage.

Le Duc de Bouillon lui fit confidence de son abjuration, & lui dit que jusqu'à cette heure il en avoit fait un grand secret, à cause de Madame sa mere; mais que voyant avec une extrême douleur que le temps, ni tout ce qu'il pouvoit faire n'étoit pas capable de la tirer de l'erreur, il étoit sur le point de se declarer à elle, & de professer publiquement la Religion Catholique, lorsqu'il avoit eu la nouvelle que les Ennemis marchoient à Maftrich. Il ajoûta qu'il n'y avoit que cette occasion qui eût pû le porter à differer davantage, ne doutant pas que dans cette conjoncture la nouvelle de son abjuration n'eût donné quelque défiance aux Etats, & au Prince d'Orange; mais que lorsqu'il seroit à Sedan il se declareroit, & leur renvoyeroit la démission de son Gouvernement, & de la

Charge qu'il avoit dans la cavallerie, ce qu'il fit dés le moment qu'il y fut de retour.

La desolation de Madame sa mere ne se peut exprimer. La douleur & l'indignation de toute sa Maison ne furent gueres moindres. La ville de Sedan, toute remplie d'heretiques, changea en une haine secrete l'amour qu'elle avoit pour lui. Il perdit tous les établissemens qu'il avoit en Holande, & renonça à de plus grandes esperances. Enfin par la seule consideration de son salut il resista à tous les respects humains, & passa sur tous les avantages de la fortune. Tant de grandes difficultez qu'il avoit bien prévûës, & qu'il falut surmonter, faisoient bien connoître quelle étoit la force de son esprit, & la grandeur de son courage, si l'on ne devoit attribuer à Dieu seul la conversion des hommes.

Quelque temps aprés que le Duc de Bouillon eut declaré son abjuration, il vint à la Cour. Il ne la connoissoit point, & il n'y étoit connu que par sa reputation. Son dessein étoit de s'attacher à la France, où il avoit de grands biens; & comme sa plus forte inclination étoit pour la guerre, celle qu'on avoit contre l'Espagne depuis plusieurs années sembloit lui ouvrir un beau chemin pour la gloire & pour la fortune.

Le Cardinal de Richelieu étoit alors au plus haut point de sa puissance. C'étoit un grand Ministre, qui comme tous les autres devoit le commencement de sa fortune aux conjonctures favorables: mais pour l'affermissement & les suites, c'étoit l'ouvrage de son esprit & de sa prudence. Il avoit toujours de grands desseins, & ne s'occupoit que du capital des affaires, afin d'avoir plus de temps pour ses divertissemens, & pour son repos. Il gouvernoit l'Etat avec un pouvoir absolu, sans neantmoins gouverner le Roi : au contraire il en étoit haï dans le fonds du cœur. Mais les grands succès de son administration, & ses grands établissemens empêchoient les effets de la haine. Il y avoit cependant toujours quelque Favory, qui ne lui étant pas assez dévoüé, donnoit lieu aux cabales de la Cour, & aux intrigues du cabinet : Cela joint à l'exemple recent de la mort du

Maréchal d'Ancre lui causoit de grandes inquietudes. Il n'épargnoit rien pour gagner les personnes de merite, ni pour les perdre, lorsqu'il ne les pouvoit gagner. Et jamais Ministre n'a été mieux averti de tout ce qui se passoit au dedans & au dehors du Royaume. A juger de lui par son visage, & par ses manieres exterieures, l'on n'en pouvoit attendre qu'une grande douceur. Cependant il étoit violent dans tous ses desirs, & jamais l'amour & la haine n'ont été capables de faire faire plus de choses à un grand homme. Plusieurs évenemens des plus considerables de sa vie ont eu pour fondement l'une ou l'autre de ces deux passions. Il étoit sensible à l'amitié, & ne pardonnoit jamais une inimitié declarée. Ainsi son ministere étoit tres-redoutable aux personnes qui n'étoient pas dans ses interêts. Car comme ceux dont il se croyoit assuré pouvoient aspirer à tout, il n'y avoit rien que ses Ennemis ne dussent craindre. Tous les grands Seigneurs qu'il n'avoit pû assujettir étoient en prison, exilez, ou sans consideration. Enfin poussé par la necessité des conjonctures, ou de son propre naturel, il aima toujours mieux établir la seureté de sa personne, & de sa fortune par la rigueur & par le sang, que de prendre le hazard de la clemence & de la douceur.

Le Duc de Bouillon ne fit pas un long sejour à Paris. Il fut fort bien reçû du Roi & de toute la Cour. Le Comte de

Soissons le visita souvent, & le traita en toutes rencontres avec une distinction qui marquoit une estime particuliere, & un grand desir de l'avoir pour ami. Ils se separerent neantmoins sans entrer en matiere sur aucune chose considerable. Le Cardinal de Richelieu & lui se virent plusieurs fois : mais il y avoit tant d'oppositions entre-eux, qu'il n'étoit pas facile de les unir d'une union fort étroite.

Le Cardinal ne vouloit que des personnes dévoüées, & le Duc de Bouillon n'étoit pas fait à la servitude : il étoit né Souverain, & avoit passé sa vie dans un païs libre. D'ailleurs le commandement des Armées étoit rempli ; ce qui seul eût été capable de l'attacher. Il s'en retourna donc n'ayant qu'une connoissance generale de la Cour, & sans avoir aucun sujet de se loüer ni de se plaindre du Cardinal; mais l'esprit peu disposé à pouvoir s'accommoder de sa maniere de gouverner.

Quelque temps aprés le Comte de Soissons se retira à Sedan pour se mettre à couvert de la haine du Cardinal de Richelieu. La renommée a publié diverses choses sur le sujet de leur inimitié; mais tout le monde convient, que si ce Prince eut voulu épouser Madame de Combalet niepce du Cardinal, il le destinoit à de si grandes choses qu'on n'oseroit le dire, & qu'on a même de la peine à les croire. Le Duc de Bouillon envoya un Gentilhomme à la Cour, pour donner avis au

Cardinal de l'arrivée de Monsieur le Comte, & pour supplier le Roi de ne pas trouver mauvais qu'il eût donné retraite à un Prince qui croyoit n'avoir rien fait qui lui pût déplaire, & en qui il ne voyoit que de bonnes intentions pour son service.

Le Roi approuva la conduite du Duc de Bouillon, & le Cardinal lui écrivit que sa Majesté trouvoit bon que Monsieur le Comte demeurât à Sedan. Mais quelque temps aprés, les negociations n'ayant pas produit les effets qu'en attendoit le Cardinal, il voulut que le Duc de Bouillon abandonnât ce Prince, & qu'il le fist sortir de Sedan. Le Duc de Bouillon s'en excusa, & fit réponse, que le Roi ayant d'abord approuvé que Monsieur le le Comte y demeurât, il avoit cru lui pouvoir donner parole d'une seureté entiere, sans limiter aucun temps : qu'un pareil engagement vers un Prince du sang ne lui laissoit pas la liberté de lui pouvoir proposer de se retirer : qu'il le prioit d'entrer dans ces raisons, & de vouloir s'employer auprés de sa Majesté pour les lui faire approuver : qu'il esperoit d'autant plus cette grace de lui, qu'il pouvoit l'assurer que Monsieur le Comte continuoit d'estre dans tous les sentimens de respect & de fidelité qu'il devoit à sa Majesté, & que même il le voyoit fort disposé à s'accommoder sincerement avec lui. En effet il y étoit alors. Mais comme c'étoit un Prince foible & glorieux, quand il ne se rendoit pas difficile par la méfiance & par la crainte, il le devenoit par sa vanité, & par des esperances sans fondement : d'ailleurs il n'avoit auprés de lui aucune personne capable d'affaires, & c'étoit un malheur d'autant plus grand pour lui, que même les plus grands hommes sont d'ordinaire moins grands par eux-mêmes, que par l'usage qu'ils sçavent faire du conseil des autres. Ainsi Monsieur le Comte reduit à suivre ses propres mouvemens, étoit tellement incertain dans ses desseins, qu'il ne vouloit jamais deux jours une même chose.

Cependant le Duc de Bouillon n'ignoroit pas les suites qu'il devoit attendre du refus qu'il avoit fait de faire sortir de Sedan Monsieur le Comte. Il connoissoit bien aussi quelles étoient les irresolutions de ce Prince : mais il croyoit qu'il avoit de l'honneur & de la probité, & que tout au moins le soin de sa gloire étoit capable de l'empêcher de rien faire qui pût éclater contre sa reputation. Quoi qu'il en soit, se trouvant engagé, & voyant qu'il y alloit de sa perte, il se resolut d'entrer à fonds avec Monsieur le Comte, pour tâcher de le fixer à un dessein. Il lui dit donc qu'en l'état où étoient les choses, quelque parti qu'il voulût prendre, il n'y avoit point de temps à perdre : que s'il vouloit s'accommoder avec le Cardinal, il ne faloit pas attendre le commencement de la campagne, où son accommodement seroit plus difficile, &

d'autant moins avantageux & moins honorable qu'il paroîtroit avoir été forcé. Que si au contraire les choses étoient sans retour entre-eux, il faloit se resoudre à une guerre ouverte, & prendre les mesures necessaires pour la soûtenir : que pour lui il ne lui donneroit aucun conseil, ne voulant pas dans une affaire si importante estre garant des évenemens : qu'il n'avoit aucun sujet d'être mécontent de la Cour : qu'il n'y avoit aussi aucune prétention presentement : mais que voulant bien hazarder toutes choses pour ses interêts, il étoit necessaire de s'expliquer sur l'avenir, en cas qu'il falut prendre les armes : qu'il n'avoit point changé de sentiment, qu'au contraire il lui confirmoit encore toutes les paroles qu'il lui avoit données, & qu'il le supplioit de croire que rien n'étoit capable de l'ébranler : mais qu'il n'étoit pas resolu de se laisser assieger dans Sedan : qu'il sçavoit que l'on faisoit filer beaucoup de troupes sur la frontiere, & que s'il ne prenoit pas le parti de s'accommoder avec le Cardinal, il faloit se mettre en état de sortir en campagne aussi-tôt que la saison le pourroit permettre.

Soit que Monsieur le Comte se trouvât ce jour là plus disposé qu'auparavant à se déterminer à la guerre, soit qu'il y fût poussé par le raisonnement du Duc de Bouillon, & par ses engagemens renouvellez, enfin il l'assura qu'il n'avoit plus de mesures à garder avec le Cardinal;

& pour une marque qu'il ne vouloit rien écouter de sa part, il lui proposa de traiter avec l'Empereur & les Espagnols.

Le Duc de Bouillon voyoit bien que ce n'étoit que par leur secours qu'on pouvoit mettre sur pied une Armée assez considerable pour s'opposer à celle du Roy, & éviter le siege de Sedan, ou le dégât du païs. Cependant pour pouvoir faire souvenir un jour Monsieur le Comte que ce n'étoit pas lui qui l'avoit porté à une démarche d'une si grande consequence, il prit cette occasion de lui mettre devant les yeux tous les inconvenients qu'on en devoit craindre. Il ne faut pas douter, lui dit-il, que l'Empereur & les Espagnols n'entrent dans toutes les propositions qu'on leur fera de nôtre part. Leur politique ordinaire est de tout accorder pour embarquer les affaires, & de ne rien tenir dans la suite, que ce qui leur est avantageux. Ils donneront facilement quelque argent pour commencer la guerre, & même des Troupes pour la soûtenir d'abord: mais aprés ils se mettront peu en peine de leur parole, & de leurs engagemens, & ne nous soûtiendront que pour faire des diversions qui puissent faciliter d'autres desseins: leurs interêts & les nôtres seront toujours opposez dans le fonds: les nôtres sont de tâcher d'entrer en France, pour exciter des mouvemens capables de renverser la fortune du Cardinal : nous devons chercher nôtre seureté & nos avantages dans une paix,

& par l'établissement d'un nouveau ministere : eux au contraire doivent souhaiter que nôtre Etat soit sans retour, & que ce ministere subsiste pour être une cause perpetuelle de division, & de trouble dont ils puissent profiter. Que si nous étions si malheureux que d'être reduits à nous abandonner à eux entierement, comme il arrivera si nous ne sommes secondez du dedans du Royaume, ou soûtenus par quelque grand succés, la guerre que nous aurions commencée se réduisant à une guerre ordinaire, vous leur deviendrez à charge par vôtre qualité ; & lorsque vous seriez parmi eux sans consideration, vous pouvez juger s'ils en auroient pour moi.

Monsieur le Comte ne fut point

ébranlé par tant de raisons; la crainte qu'il avoit du Cardinal ne lui permettoit plus de craindre que de tomber entre ses mains. Ils convinrent donc de leurs interêts, & de tout ce qu'il y avoit à faire. Ils firent même un écrit double qu'ils signerent tous deux, dans lequel, entr'autres choses, ils se promettoient de ne s'accommoder jamais séparément. Ensuite ils envoyerent vers l'Empereur, & vers le Cardinal Infant, qui commandoit en Flandres pour les Espagnols. Le Duc de Bouillon y envoya de sa part le Baron de Beauveau Gentilhomme de grande qualité, d'une sagesse & d'un courage qui lui ont toûjours fait mépriser la fortune & le peril. Dans ce même temps le Duc de Guise fuyant aussi la persecution du Cardinal, se vint refugier à Sedan, & trouvant les choses en cet état, il souhaita d'entrer dans les mêmes engagemens que Monsieur le Comte & le Duc de Bouillon alloient prendre, avec l'Empereur & les Espagnols. Il donna un pouvoir à Beauveau pour traiter de sa part avec eux : puis ennuyé d'attendre son retour, ou plûtôt poussé de l'antipathie que Monsieur le Comte avoit pour lui, il s'en alla à Bruxelles, sous pretexte de travailler à avancer le Traité par sa presence.

C'étoit un Prince tres-bien fait de sa personne, liberal & magnifique. Il avoit un grand courage, & paroissoit avoir beaucoup d'esprit. Il étoit alors fort jeune, & l'on attribuoit à son âge sa grande legereté, & beaucoup d'autres choses que l'on blâmoit dans sa conduite. Mais toutes les actions de sa vie ayant été d'un jeune homme, l'on a eû sujet de croire que ses défauts venoient du fonds de son naturel, & non pas de sa jeunesse.

En attendant le succés de cette negociation, Monsieur le Comte envoya secretement en France, pour tâcher d'avoir de l'argent de ses revenus, & pour établir quelque correspondance avec les ennemis du Cardinal. Ils étoient puissans, & en grand nombre, mais d'un courage abbatu, non seulement à cause de sa puissance, & des exemples frequens de vengeance & de punition, mais encore parce que la recompense des trahisons étant assurée, la confiance sembloit estre bannie du commerce des hommes : tant on étoit persuadé qu'il n'y avoit aucune seureté dans les affaires les plus secretes. Pour les peuples, ils étoient tous disposez à la revolte : car en tout temps il suffit d'une longue administration, bonne ou mauvaise, pour attirer leur haine ; & soit que cela vienne de leur inconstance naturelle, ou de leur misere veritable, ils mettent toujours leur esperance dans un changement.

Cependant le Cardinal fit faire de grands Magazins sur la frontiere pour faire subsister l'Armée, & prévenir ainsi le temps qu'on met d'ordinaire en campagne.

Le Duc de Bouillon de son

côté commença à se preparer à la guerre, & à toutes les suites qu'on en peut prévoir. Il fit travailler aux fortifications de Sedan, & munit la Ville & le Château de toutes les choses necessaires pour un long siege. Il s'assura de plusieurs Officiers de cavalerie, & d'infanterie, qu'il avoit vû servir en Holande. Il fit même quelques levées dans le païs de Liege, dont il fortifia la garnison.

Les choses étoient en cet état, vers la fin du mois de Mai, lorsque le Baron de Beauveau arriva à Sedan avec un Traité tel que l'on pouvoit desirer, signé du Cardinal Infant, faisant pour l'Empereur & pour le Roi d'Espagne.

L'Empereur promettoit sept mille hommes ; l'Archiduc en

promettoit autant pour les Espagnols, & ces deux corps joints ensemble devoient se rendre aux environs de Sedan, devant la fin du mois de Juin. Les Espagnols s'engageoient aussi d'envoyer deux cens mille écus pour faire des levées, ou pour estre employées à ce que Monsieur le Comte & le Duc de Bouillon jugeroient le plus important à leurs desseins. Mais les Espagnols ne donnerent qu'une partie de l'argent qu'ils avoient promis, ne l'envoyerent pas même dans le temps qu'ils s'y étoient obligez, & manquerent entierement au Traité à l'égard des troupes. L'Empereur l'executa en ce qui le regardoit : il envoya le General Lamboy avec les sept mille hommes qu'il devoit fournir.

Cependant le Maréchal de Chatillon mit en campagne vers la fin du mois de Mai, & s'avança aux environs de Sedan, comme s'il avoit voulu l'investir: mais il s'en retourna du côté de Mouzon sans rien entreprendre.

Le Duc de Bouillon le voyant encore si prés, & jugeant qu'il n'y avoit rien à esperer des Espagnols, proposa à Monsieur le Comte d'envoyer vers Lamboy pour le faire approcher. Lamboy répondit qu'il n'avoit point d'ordre de passer plus avant sans les troupes des Espagnols. Monsieur le Comte & le Duc de Bouillon renvoyerent lui proposer un lieu pour conferer avec lui. Il l'accepta, & le Duc de Bouillon l'alla trouver. Il tâcha de lui faire comprendre de quelle importance il étoit de faire voir à la France qu'ils avoient une Armée assez proche de celle du Maréchal de Chatillon pour pouvoir s'opposer à ses desseins. Mais voyant qu'il ne pouvoit estre ébranlé par toutes les raisons de leurs interêts communs, & que même il avoit détaché des troupes de son Armée pour envoyer vers Aire, il lui declara enfin que Monsieur le Comte & lui alloient s'accommoder s'il ne s'approchoit de Sedan, & s'il ne s'engageoit d'entrer en France avec eux, aprés qu'ils auroient joint toutes leurs troupes.

Lamboy voyant les choses en cette extremité changea de resolution, promit de marcher, & de se rendre dans trois jours aux environs de Sedan avec ses troupes.

Le Duc de Bouillon envoya aussi-tôt un Gentilhomme à Monsieur le Comte, pour lui dire le succés de sa negociation, & s'arrêta en chemin pour faire décendre tous les bateaux qu'il trouva sur la Meuse, afin d'y faire faire un pont, pour éviter de donner passage dans Sedan aux troupes de Lamboy. Lorsqu'il y faisoit travailler Monsieur le Comte le vint trouver, sous pretexte de voir le travail. Mais le Duc de Bouillon s'étant entretenu quelque temps avec lui sur leurs affaires, n'eut pas de peine à juger qu'un autre motif l'avoit amené. Il lui trouva l'esprit si rempli des pensées d'un accommodement, que quelque connoissance qu'il eût de sa facilité à changer de sentiment, il en fut surpris, & ne pût s'empêcher de le lui témoigner. Monsieur le Comte lui dit, que depuis qu'il étoit parti pour aller au rendez-vous de Lamboy, il avoit reçû une lettre du Duc de Longueville son beau-frere, qui sembloit ouvrir le chemin à une negociation entre le Cardinal & lui, & que dans cette conjoncture jugeant qu'il y avoit tout à craindre pour eux des difficultez que Lamboy faisoit de s'approcher, il avoit crû que la prudence vouloit qu'il se laissât voir moins irreconciliable qu'à l'ordinaire : qu'il avoit même envoyé au Duc de Longueville un Gentilhomme chargé de sa confiance, & qu'il croyoit que jusques à ce qu'il fut de retour il faloit tâcher de retenir Lamboy au delà de la Meuse. Le

Duc de Bouillon lui répondit, que de faire cette proposition à Lamboy, ce seroit entierement ruïner leurs affaires: Car aprés l'avoir pressé au point que nous avons fait, quelle raison, dit-il, lui donner d'un changement si grand & si prompt: il ne lui sera pas difficile de voir qu'il ne peut estre causé que par une negociation avec la Cour: & il ne faut pas douter qu'alors il ne se retire, & ne nous laisse exposez à un peril inévitable: qu'il faloit se faire voir au delà de la Meuse à la tête d'une Armée: Que ce seroit là le temps & le lieu propres à déliberer sur les propositions qu'on leur feroit, & que cette seule démarche pourroit donner une grande reputation à leurs armes.

Encore qu'il semblât au Duc

de Bouillon que ce raisonnement eût fait beaucoup d'impression sur l'esprit de Monsieur le Comte, neantmoins pour aller au devant de tout ce qu'il y avoit à craindre de l'état chancelant où il se voyoit, Lamboy ne fut pas plûtôt arrivé, qu'il lui fit passer la Meuse avec son Armée.

Cependant comme l'irresolution qui vient de foiblesse augmente toujours à proportion qu'on est pressé de se resoudre, Monsieur le Comte ne fut pas de retour à Sedan, qu'il se trouva plus irresolu que jamais. En cet état il crut que Madame la Duchesse de Bouillon étoit la personne du monde la plus propre à seconder ses sentimens. Il l'alla trouver, & aprés avoir raisonné avec elle sur l'état des chofes, il l'obligea d'écrire à Monfieur fon mari tout ce que la tendreffe & la prudence lui purent infpirer, & de lui envoyer Chadirac un de fes Secretaires, en qui il avoit beaucoup de confiance, pour tâcher au moins de lui perfuader de faire demeurer l'Armée de Lamboy campée fous Sedan.

Le Duc de Bouillon aprés avoir reçû fa lettre, & écoûté tout ce que Chadirac avoit à lui reprefenter, lui répondit qu'il connoiffoit bien le peril où étoient leurs affaires, plus grand à la verité par la foibleffe de Monfieur le Comte, que par la puiffance du Cardinal : que pour ce qui le regardoit en fon particulier, il voyoit tout à craindre d'un accommodement qu'on feroit fans avoir tiré l'épée : qu'il ne pouvoit lui ouvrir le chemin à aucune esperance, ni même lui laisser un pretexte raisonnable de faire aucune demande : qu'au contraire il ne faloit pas douter que le Cardinal ne se vengeât tôt ou tard sur lui, de tous les avantages qu'il seroit contraint d'accorder à Monsieur le Comte : Mais que si l'on poussoit les choses, un évenement heureux au commencement de la Campagne pouvoit faire soûlever toute la France, & renverser la fortune du Cardinal. Que même il avoit avis qu'il y avoit une grande revolte en Guyenne, & que la faveur de Cinqmars, grand Escuyer de France, commençoit déja à partager la Cour : qu'enfin il trouveroit mieux sa sureté & ses avantages dans la suite d'une guerre, que dans une paix qu'on feroit en l'état où étoient les choses. Que d'ailleurs, comme il l'avoit dit à Monsieur le Comte, Lamboy se retireroit assurément dés le moment qu'il le verroit changer de dessein, ne pouvant en attribuer la cause qu'à une negociation secrete avec le Cardinal. Que cette raison étoit sans replique, & qu'elle seule devoit suffire pour faire voir qu'ils n'avoient rien à ménager. Nos Troupes, ajoûta-t-il, jointes ensemble font plus de dix mille hommes, & le Maréchal de Chatillon n'en a pas davantage. Il n'y a donc pas à balancer, il faut le combattre, ou l'obliger à se retirer. Lamboy en est convenu avec moi lorsque je l'ai fait resoudre de s'approcher pour entrer en France. Si nous gagnons la bataille, nous serons au dessus de tout : & aprés avoir hazardé ce que j'ai hazardé, pour les seuls interêts de Monsieur le Comte, la victoire poura lors donner lieu à mes pretentions particulieres. Que si la fortune nous est contraire, nous tirerons cet avantage de nôtre malheur, que nôtre retraite à Sedan, & une aussi grande resistance que sera la nôtre, fera voir à quel point les affaires sont embarquées ; & alors le dedans & le dehors du Royaume croiront estre interessez à nous empêcher de succomber.

Aprés que le Duc de Bouillon eut parlé de la sorte à Chadirac, il le renvoya, & lui donna ordre de dire à Monsieur le Comte, que les Troupes de Lamboy avoient

avoient passé la Meuse devant le point du jour, & qu'en même temps qu'il les auroit jointes aux leurs, & fait camper ensemble, il iroit le trouver, pour prendre avec lui une derniere resolution. Cependant un parti que le Duc de Bouillon avoit envoyé à la guerre, lui raporta que le Maréchal de Chatillon avoit décampé; & quelques prisonniers qu'on avoit faits assurerent que son dessein étoit de venir se poster sur la Meuse, prés de Sedan, pour s'opposer au passage de Lamboy.

Aprés que le Duc de Bouillon eut reçû cet avis, & qu'il eut fait passer l'Armée de Lamboy, il alla aussi-tôt trouver Monsieur le Comte, pour lui dire l'état des choses, & pour lui faire comprendre que

F

maintenant il n'y avoit plus à balancer : qu'il faloit necessairement marcher au Maréchal de Chatillon. Alors Monsieur le Comte en demeura d'accord, & le Duc de Bouillon le voyant enfin si bien disposé, fit tous les efforts pour l'obliger à demeurer dans Sedan. Il lui offrit de l'y laisser le maître absolu, & lui dit, que dans la suite de la guerre il trouveroit assez d'autres occasions de signaler son courage ; mais que dans ce commencement il y alloit de tout, de conserver sa personne. Que pour son particulier, s'il perdoit la vie dans ce combat, ce lui seroit une grande consolation de le sçavoir en seureté, & en état d'empêcher que sa femme & ses enfans ne demeurassent sans appui, exposez à la vengeance de leurs ennemis communs.

Monsieur le Comte non seulement refusa de demeurer à Sedan, mais proposa au Duc de Bouillon d'y demeurer lui-même, & de le laisser aller courir seul le hazard d'une guerre où il ne s'étoit engagé qu'à sa seule consideration.

Cette genereuse contestation finit par la resolution de marcher tous deux. Dés le même jour le Duc de Bouillon, aprés avoir entendu la Messe, & Communié aux Capucins, puis donné ses ordres dans Sedan, & signé quelques actes qu'il avoit jugé necessaires pour sa maison, retourna à l'Armée, & Monsieur le Comte s'y rendit aussi quelques heures aprés.

Cependant le Maréchal de

Chatillon General intrepide, mais d'une negligence incroyable, persuadé que Lamboy étoit encore au delà de la Meuse, marcha pour s'opposer à son passage : mais il rencontra le Duc de Bouillon en tête, qui bien averti de sa marche s'étoit avancé avec un grand corps de cavalerie, & qui s'étant mis en bataille sur une hauteur, avoit fait serrer ses escadrons de si prés, qu'on ne pouvoit remarquer qu'il n'étoit pas soûtenu. Il fit en suite occuper tous les lieux des environs qui pouvoient incommoder les Ennemis. Cependant Lamboy arriva avec l'infanterie & le canon, & Monsieur le Comte avec ses troupes.

Les deux Armées étant en bataille, & prêtes d'en venir

aux mains, le Duc de Bouillon pouſſa au corps de reſerve, où étoit Monſieur le Comte. Il le trouva qui ſe confeſſoit derriere un buiſſon pour la troiſiéme fois de ce même jour. Aprés avoir attendu un moment pour lui parler, il entendit tirer le canon: Ainſi preſſé de s'en retourner, il chargea le Capitaine des Gardes de Monſieur le Comte de lui dire, qu'en l'état où il voyoit les choſes, il étoit de la derniere importance de ne pas retarder le combat un ſeul moment, & qu'il alloit le faire commencer.

Je ne ferai point le détail de la bataille, il y en a pluſieurs relations imprimées; & ſi je raportois ici les éloges qu'on y donne au Duc de Bouillon, il ſembleroit qu'au lieu des Memoires de sa vie, j'aurois entrepris son panegyrique.

Le Duc de Bouillon avec sa cavalerie chargea celle des Ennemis, & la rompit d'abord, en sorte que s'étant renversée sur l'infanterie, elle y apporta un si grand desordre, qu'en fort peu de temps toute l'Armée fut en déroute. Tout réussit aussi du côté où étoit Lamboy, qui combattit en Capitaine, & en homme de courage. Il n'y eut de veritable resistance qu'au canon, que le Duc de Bouillon attaqua avec beaucoup de peril de sa personne. Mais aprés qu'il l'eut pris, & mis en fuite les troupes qu'il y rencontra, il ne se ralia plus aucun corps qui parut vouloir faire ferme. Alors le Duc de Bouillon se trouvant assez prés du lieu où étoit Monsieur le Comte, il voulut aller lui-même l'assurer de la défaite des Ennemis, mais il le trouva mort.

La destinée de ce Prince est dautant plus étrange & plus malheureuse qu'il perdit la vie sans avoir combattu, & qu'il la perdit même aprés la victoire, environné de ses Gardes, & de plusieurs Gentilhommes, sans que neantmoins on ait jamais pû sçavoir veritablement par qui, ni comment il fut tué. Pour moi, aprés avoir recueilli tout ce qu'en ont dit ceux qui se trouverent auprés de lui, je suis persuadé qu'il se tua lui-même. C'étoit aussi l'opinion du Duc de Bouillon. Car il est constant qu'il leva deux fois la visiere de son casque avec le bout d'un de ses pistolets, & même que Riquemont son Escuyer l'avertit du malheur qui lui en pourroit arriver. Il est constant aussi que son coup étoit dans le milieu du front, & qu'il avoit été tiré de si prés, que le papier lui en étoit entré dans la tête. Cependant parce que dans le moment qu'il se le donna, le hazard voulut que personne n'avoit les yeux sur lui, la honte & le desespoir de ceux qui étoient auprés de sa personne, & sur tout leur grande préoccupation contre le Cardinal leur fit dire que c'étoit lui qui l'avoit fait assassiner par un traître qui s'étoit glissé parmi ses Gardes.

A juger par tout ce que le Duc de Boüillon avoit hazardé pour Monsieur le Comte, on ne peut pas douter de l'interêt qu'il avoit à la conservation de sa personne.

personne. Et à considerer aussi l'état où le gain de la bataille mettoit la fortune de ce Prince, il n'est pas difficile de comprendre quelle fut en toute maniere la perte que fit le Duc de Bouillon en le perdant, ni par consequent quelle fut sa douleur. Cependant sçachant de quelle importance il étoit d'éviter le desordre qu'aporte d'ordinaire dans les troupes la passion du butin, & l'ardeur de la victoire; il retourna sur ses pas, & n'oublia rien de tout ce qui la lui pouvoit assurer. Elle fut en effet si entiere, que le Maréchal de Chatillon perdit toute son Infanterie, & presque tous les principaux Officiers de l'Armée y furent tuez, ou faits prisonniers.

Dés le même jour le Duc de

G

Bouillon envoya Salaignac vers Monsieur le Cardinal Infant, pour lui donner avis du gain de la bataille, & de la mort de Monsieur le Comte ; & pour l'assurer en même temps que le Traité étant relatif entre ce Prince & lui, il étoit prêt de l'entretenir en tous ses points, pourvû qu'il obligeât les Espagnols de l'executer aussi en ce qui regardoit l'avenir, & de reparer les manquemens du passé.

En attendant le retour de Salaignac le Duc de Bouillon, avec le General Lamboy, alla assieger Doncheri Place sur la Meuse, à deux lieuës de Sedan. Il l'emporta en quatre jours: puis il voulut avancer en France, persuadé que si le bruit de sa victoire avoit relevé d'abord les espérances des ennemis du Cardinal, la mort de Monsieur le Comte, qu'ils auroient sans doute appris en même temps ne les auroit pas moins consternez: qu'ainsi il étoit de la derniere conséquence de faire voir par la continuation de leurs progrés, que le parti subsistoit toujours. Mais Lamboy, sans combattre les raisons du Duc de Bouillon, proposa seulement de differer quelques jours pour laisser rafraîchir ses Troupes. Cependant quelles instances que lui pût faire le Duc de Bouillon, il fut impossible de l'obliger de passer plus avant; au contraire il envoya trois de ses meilleurs Regimens vers Aire: puis aprés avec le reste de son Armée il repassa la Meuse pour suivre le Cardinal Infant, qui marchoit pour le secours d'Aire, & qui lui avoit envoyé ordre de l'aller joindre.

Le Duc de Guise revenu depuis peu de Bruxelles prit le parti de se retirer avec Lamboy, mécontant de ce que le Duc de Bouillon ne l'avoit pas attendu pour donner la bataille.

Le Duc de Bouillon le fit suivre par un Gentilhomme, pour lui dire que ce n'étoit pas executer le Traité qu'ils avoient signé ensemble, que de suivre les Espagnols lorsqu'ils l'abandonnoient. Que s'il avoit quelque dessein qui regardât leurs interêts communs, il étoit necessaire d'en concerter, & que s'il vouloit lui donner un rendez-vous, il s'y trouveroit sans y manquer. Le Duc de Guise répondit qu'il reviendroit à Sedan dans trois jours, & que là ils prendroient toutes leurs mesures ensemble. Cependant non seulement il n'y revint pas, mais on n'entendit plus parler de lui.

Lamboy à qui le Duc de Bouillon avoit fait faire un compliment par le même Gentilhomme, lui écrivit une lettre que j'ai en original, & qui fait bien voir la grande estime qu'il avoit pour lui. Aprés lui avoir parlé de ses interêts particuliers touchant les prisonniers qu'il avoit laissé à Sedan, & le canon qui avoit été pris le jour de la bataille, il ajoûte ces propres mots : Au reste, Monseigneur, je voi bien que vôtre Altesse va faire sa paix avec la France, surquoi je n'ai rien à dire. Mais j'ai grand regret de me voir privé de servir plus long-temps sous les ordres d'un si grand Capitaine, à qui je demeure toujours, & avec respect, &c.

Le Duc de Bouillon se voyant abandonné de la sorte, renvoya en diligence Salaignac vers le Cardinal Infant, chargé d'une instruction signée de lui. Il se plaignoit premierement, de ce que depuis la mort de Monsieur le Comte il n'avoit daigné envoyer personne pour témoigner qu'il prenoit part à une perte si considerable, par la qualité de la personne, & l'interêt du parti: Que même dans la réponse qu'il avoit reçûë de son Altesse Royale, par le retour de Salaignac, bien éloigné de parler de ce Prince, dans les termes qui sont dûs à un Prince du sang de France; elle l'avoit confondu sans distinction avec des personnes qui n'étoient pas de sa naissance, voulant parler de Monsieur de Guise, & de lui-même: Ensuite il l'assuroit encore qu'il étoit prêt d'executer le Traité: mais il declaroit qu'il s'en départoit si les Espagnols ne reparoient le passé, & si l'Empereur & eux n'envoyoient incessament les troupes & l'argent qu'ils avoient promis pour la continuation de la guerre. Il parloit aussi des avances & des pertes qu'il avoit faites tant par l'Armée du Roi, que par celle Lamboy; il representoit la franchise avec laquelle il avoit agi dans toute cette guerre: disoit qu'il laissoit à d'autres à dire ce qu'il avoit contribué au gain de la bataille, & supplioit son Altesse Royale de vouloir considerer que la situation de leurs affaires paroissoit si avantageuse, qu'il n'y avoit rien qu'on ne dût attendre si l'on vouloit se mettre en état de poursuivre la victoire : il ajoûtoit qu'il prendroit pour une rupture manifeste les remises & les longueurs qu'on apporteroit à lui répondre, & à satisfaire à ses demandes : qu'en ce cas il retiroit sa parole, & donnoit charge à Salaignac de demander ses seings, protestant devant tous les Princes de l'Europe, qu'ayant été abandonné sans avoir égard à la foi d'un Traité solemnel, ni aux avantages d'une bataille gagnée & d'une Ville prise, on le reduisoit à chercher sa sûreté dans un accommodement.

La réponse du Cardinal Infant n'étoit remplie que des éloges du Duc de Bouillon, & des exemples de ceux qui s'étoient perdus pour s'estre confiez au Cardinal de Richelieu, aprés s'estre declarez contre lui: mais il évitoit de répondre positivement aux demandes & aux plaintes, & concluoit par ces propres mots : Que si les Espagnols, dit-il, ont manqué au Traité, l'Empereur l'ayant executé de sa part, il est juste que son Altesse s'adresse à lui sur tous leurs manquemens, & elle ne peut se dégager sans sçavoir ce qu'il lui répondra : mais Lamboy s'étant retiré, il n'étoit pas possible d'attendre une réponse qui devoit venir de si loin sans s'exposer à un peril manifeste.

Le Maréchal de Brezé à la tête d'une Armée avoit joint le Maréchal de Chatillon depuis la bataille. Le Roi s'étoit aussi avancé sur la frontiere, & étoit déja à Rethel; en sorte que toutes les troupes jointes ensemble étoient de vingt-cinq mille hommes.

Le Duc de Bouillon se voyant dans cette extremité reduit à se retirer dans Sedan, & à se soûtenir de ses propres forces, ne douta point qu'il ne fût assiegé. Ainsi il tourna toutes ses pensées à se mettre en état d'y faire une glorieuse resistance. En effet il n'est pas difficile de juger que le Cardinal animé contre lui au point qu'il l'étoit, n'eût une extrême passion de le perdre entierement. Mais dans la mauvaise disposition où la Cour, & le reste du Royaume étoient pour le Cardinal; & en l'état incertain où il voyoit le siege d'Aire, il étoit d'une perilleuse consequence d'entreprendre celui de Sedan. D'ailleurs toutes les personnes considerables qui étoient prés du Roi amis, ou ennemis du Cardinal, parloient en faveur du Duc de Bouillon. Ceux-ci portez du desir d'empêcher qu'un Prince, son ennemi si declaré, ne succombât: les autres par generosité, le voyant, aprés une si grande action, ainsi exposé sans aucune esperance de secours.

Enfin le Roi étant arrivé à Mezieres, le Cardinal fit offrir son entremise au Duc de Bouillon. Il l'accepta avec une confiance égale à la sincerité dont elle lui étoit offerte.

Dés le moment que la negociation fut commencée, & qu'on eut accordé la tréve, Cinqmars, Grand Escuyer de France, dont la faveur étoit tout-à-fait declarée, & déja fort suspecte au Cardinal, fit rechercher d'amitié le Duc de Bouillon, par l'entremise de de Thou, qui fit plusieurs voyages à Sedan, sous pretexte de l'attachement & de l'amitié qu'il avoit pour le Duc de Bouillon; mais en effet pour lui offrir toutes choses de la part de Cinqmars. Il l'assura même qu'il avoit déja beaucoup travaillé à radoucir l'esprit du Roi, & à le faire revenir de l'aigreur & de la colere que le Cardinal lui avoit inspirée.

Le Duc de Bouillon répondit à ses offres & à ses avances en la maniere que l'honnêteté

& l'état present de sa fortune le demandoient. Il fut persuadé dans la suite qu'en effet ses bons offices ne lui avoient pas été inutiles.

Cependant la paix fut concluë de la maniere la plus glorieuse que le Duc de Bouillon le pouvoit souhaiter. Le Cardinal voulut paroître dans le Traité comme caution du Duc de Bouillon, & comme garand vers lui que sa Majesté feroit aussi executer sincerement jusques aux articles de la moindre consequence.

Le Duc de Bouillon alla à Mezieres voir le Roi. Il en fut reçû avec toutes les demonstrations possibles d'une grande estime, & d'un entier oubli du passé. Le Cardinal n'obmit rien de tout ce qu'il crut capable de persuader au Duc de Bouillon qu'il vouloit sincerement son amitié. Il dit au Roi, en presence de tout le monde, qu'il faloit lui donner une Armée à commander, & que puis qu'avec les Espagnols il avoit sçû batre les Troupes Françoises, il n'étoit rien que l'on ne deût attendre de son experience, & de son courage lorsqu'il seroit à leur tête. Cependant aprés tout ce qui venoit de se passer, & l'opinion generale qu'on avoit du Cardinal sur les reconciliations, plus il témoignoit d'empressement au Duc de Bouillon, moins le Duc de Bouillon le croyoit de bonne foi.

Le Roi n'entra point dans Sedan, ni le Cardinal aussi. Cinqmars y alla dîner avec plusieurs de ses amis. Le Duc de Bouillon y fut visité generalement de toute la Cour, & l'on ne pouvoit se taire de l'estime extraordinaire qu'on avoit pour lui: car si ce qu'il avoit fait le jour du combat, & dans toute cette guerre, avoit augmenté la reputation qu'il avoit dans les armes; on ne lui donnoit pas de moindres loüanges d'avoir osé se declarer contre un si grand Roi, & contre un Ministre si redoutable, & d'avoir mis ainsi sa Maison, & toute sa fortune au hazard d'une bataille, plûtôt que de faire sortir de chez lui un Prince malheureux qui s'y étoit refugié.

La Paix ayant été faite en cette maniere, le Roi s'en retourna à Paris, & le Duc de Bouillon demeura à Sedan. Comme il étoit parfaitement instruit de sa Religion, & qu'il avoit tous les sentimens d'un veritable Chrétien, il attribuoit toujours à Dieu le succés de toutes ses affaires : il voulut aussi par des prieres publiques qu'il fit faire, lui rendre graces du peril dont il venoit de sortir. Il sembloit qu'aprés en estre échappé avec tant de gloire & de bonheur, il devoit s'attendre à une vie plus tranquille ; mais il n'étoit pas né pour le repos, & aprés ce qui venoit de se passer, l'incertitude de la conduite qu'il avoit à prendre dans la paix n'agita pas moins son esprit pendant quelques jours, qu'il l'avoit été pendant la guerre. Quelques grandes que fussent ses lumieres, & quelque éloigné qu'il fut naturellement de l'irresolution,

resolution, il n'étoit pas facile en cette occasion de se déterminer. Chaque parti qu'il pouvoit prendre avoit de grands inconveniens. Faire un long sejour à Sedan, & prendre des pretextes pour éviter d'en sortir, c'étoit se rendre suspect à la France, s'exposer à des nouveaux dangers, & se fermer le seul chemin qui lui restoit pour la gloire, & pour la fortune. Si l'on prenoit la resolution de le pousser, quel secours pouvoir attendre de l'Empereur & du Roi d'Espagne qui venoient de l'abandonner si cruellement, & dans une conjoncture où leurs propres interêts devoient les obliger à le soûtenir, quand même ils n'auroient pas dû s'y porter par leurs engagemens. Prendre la resolution d'aller à la Cour, quelle seureté pour lui. Il s'étoit trouvé l'ame du seul parti qu'on eut jamais osé former directement contre le Cardinal de Richelieu. Il avoit fait imprimer à Sedan un manifeste injurieux sur son ministere. Il venoit de gagner une bataille, & de faire une paix trop glorieuse pour croire qu'elle pût estre si-tôt effacée de l'esprit du Cardinal. Et le Cardinal étoit trop connu pour s'imaginer qu'on pût separer en lui le souvenir d'une injure, & le désir de la vengeance.

Le Duc de Bouillon mettoit au rang des plus grandes peines de sa vie ce qu'il avoit souffert dans cet état incertain. Elles devoient en effet avoir été dautant plus grandes, que je lui ai ouï dire plusieurs fois, qu'en tre deux partis il valoit mieux prendre le mauvais, que de n'en prendre aucun ; parce que tout periſſoit par ne rien faire, au lieu que par l'action & par le temps l'on pouvoit attendre un ſuccés heureux des affaires qui paroiſſoient les plus deſeſperées dans leur commencement. Enfin aprés avoir balancé toutes choſes, il reſolut d'aller à la Cour, & d'y mener Madame ſa femme & ſes enfans ; & pour faire voir qu'il agiſſoit avec une confiance abandonnée, il reſolut encore d'aller faire quelque ſejour à Turenne, & dans d'autres terres qu'il avoit en Guyenne.

LIVRE SECOND.

La bataille de Sedan fut donnée le sixiéme de Juillet. Le Traité de Paix fut signé à Mezieres le huitiéme d'Aouſt : & vers le quinziéme de Septembre le Duc de Bouillon partit de Sedan pour aller à la Cour. Il la trouva à Neſle en Picardie. De Thou alla au devant de luy, & Cinqmars le vint voir auſſi-tôt qu'il fut arrivé.

De la maniere dont le Roi le reçût, & dont le Cardinal agît avec lui, il eut ſujet de croire que les choſes étoient au même état qu'il les avoit laiſſées. Cependant de Thou n'oublioit rien de tout ce qu'il jugeoit capable d'affermir la liaison qu'il avoit commencée entre le Duc de Bouillon & Cinqmars, & il croyoit ne pouvoir donner au Duc de Bouillon des marques plus solides de son attachement, & de son amitié.

De Thou avoit de l'esprit, de la bonté, du courage, & les intentions tres-nobles ; mais sa grande activité le faisoit souvent entrer en beaucoup d'affaires qu'un homme capable de plus grande reflection eût sans doute rejettées. Il avoit commencé par la robe. Quelque temps aprés il avoit voulu prendre l'épée. Puis enfin il étoit demeuré sans profession ; ce qu'un homme de merite doit regarder comme une des plus desagreables conditions où il se puisse trouver. Parmi tous ces états differens qui marquoient en lui quelque inquietude, il avoit neantmoins conservé la reputation d'une grande probité. Il étoit alors tres-mécontent du Cardinal sur quelque emploi qu'il lui avoit refusé dans la guerre, & ce mécontentement ne contribuoit pas peu sans doute à l'animer contre ce Ministre. Enfin de Thou se mit dans l'esprit de le perdre. Il crût que selon le monde il ne pouvoit rien entreprendre de plus glorieux, & que selon Dieu il ne pouvoit faire rien de plus juste. Il lui paroissoit que le pouvoir du Cardinal diminuoit tous les jours, & qu'au contraire la faveur de Cinqmars augmentoit de telle sorte, qu'il étoit maître absolu de l'esprit du Roi. Parmi tant de préventions il étoit difficile que dans le plan que fit de Thou au Duc de Bouillon de l'état de la Cour, il ne donnât quelque chose à sa passion. Il y a beaucoup d'apparance que ce fut lui aussi qui porta Cinqmars à faire demander au Duc de Bouillon une heure pour lui pouvoir dire confidemment son état auprés du Roi, & lui demander ses conseils sur le sujet du Cardinal: mais lorsque de Thou en fit la proposition au Duc de Bouillon, il répondit qu'il n'y avoit rien de si dangereux pour lui, & même pour Cinqmars, que de laisser soupçonner qu'ils eussent ensemble quelque commerce particulier. Que le Cardinal étant informé jusques aux choses de la moindre conséquence, il n'étoit pas possible qu'ils eussent une conversation particuliere, & sur tout dans un lieu comme Nesle, sans qu'il en fût averti. Le Duc de Bouillon pria donc de Thou de détourner Cinqmars de cette pensée, & de lui faire comprendre que la consideration de leurs interêts communs étoit la seule raison qui l'empêchoit d'y consentir. Il ajoûta à de Thou, qu'à lui parler comme à son ami, il vouloit tres-bien vivre avec Cinqmars, & répondre aux avances qu'il lui faisoit, & aux offices qu'il en avoit reçûs; mais que ces offices n'étoient pas d'une nature à devoir l'entraîner aveuglement dans ses interêts; qu'enfin il n'étoit pas resolu de se remettre dans de nouveaux embarras, & qu'en l'état où il voyoit les choses, ce seroit en prendre

prendre infailliblement le chemin, s'il se mêloit de la conduite de Cinqmars. Que si le Cardinal & Cinqmars étoient deux particuliers, il ne feroit pas difficulté de se declarer pour Cinqmars : mais que ni l'un ni l'autre ne pouvoient pas estre regardez en cette maniere, le Cardinal par sa qualité de Ministre absolu, & Cinqmars par celle de Favori declaré. De Thou promit au Duc de Bouillon de ménager les choses, en sorte que les bonnes dispositions de Cinqmars n'en seroient pas changées. En effet, le Duc de Bouillon s'étant rencontré le lendemain chez le Roi, Cinqmars trouva moyen de lui dire, qu'il ne souhaitoit rien si passionnément que son amitié ; mais qu'il avoit prié de Thou de l'assurer qu'il ne vouloit la demander qu'aprés l'avoir meritée par quelque service considerable. Le Duc de Bouillon lui répondit par un compliment ordinaire, & lui dit qu'il se remettoit aussi de tout le reste à ce que de Thou lui diroit de sa part.

Lorsque le Duc de Bouillon alla à Nesle, il envoya Madame sa femme avec ses enfans l'attendre à Paris, dans le dessein de ne s'y rendre qu'avec le Roi. Neantmoins voyant qu'il devoit estre encore quelque temps en Picardie, le Duc de Bouillon n'y demeura que dix ou douze jours, pressé de la saison pour son voyage de Guyenne, & plus pressé encore de quitter la Cour, jugeant qu'en l'état où il voyoit les affaires, il étoit de la prudence de n'y pas faire un plus long sejour.

Aprés avoir pris congé du Roi, & du Cardinal, il alla dire adieu à Cinqmars, qui lui renouvella toutes les protestations qu'il lui avoit déja faites, & lui dit que lorsqu'il viendroit à sa connoissance quelque chose dont il faudroit l'informer, il s'adresseroit à de Thou pour le lui faire sçavoir. Le Duc de Bouillon lui répondit, que s'il vouloit prendre ce soin il ne pouvoit mieux s'adresser, puis qu'il avoit en de Thou une confiance entiere. Ils se separerent de la sorte, c'est à dire tres-bien ensemble; mais sans estre entré en aucun détail particulier.

Cinqmars étoit tres-bien fait, & tres-aimable de sa personne. Il avoit du courage, l'esprit élevé, audacieux, capable de grandes entreprises, & porté à les conduire avec beaucoup d'artifice & d'application. Mais comme il n'avoit que vingt & un an, il étoit sans experience, d'ailleurs indocile, & presomptueux, qui sont des défauts presque toujours inséparables de la fortune & de la jeunesse: & ces défauts sont d'autant plus dangereux, que la présomption engage à des entreprises temeraires, & que l'indocilité empêche de les abandonner: Ainsi Cinqmars, quelques remontrances que lui fissent ses amis, ne pût jamais se vaincre sur la haine qu'il avoit pour le Cardinal. S'il avoit seulement été capable de la moderer, & qu'il eût pû captiver son esprit auprés du Roi, il n'étoit point de grandeur à laquelle il n'eût pû pretendre avec le temps, vû l'inclination violante que son Maître avoit pour lui, & vû l'âge & le peu de santé du Cardinal. Mais enfin il lui fut impossible de prendre sur ces deux points une conduite qui fut de durée, soit qu'il fût entraîné par la fatalité de sa destinée, soit parce que les hommes n'ont pas encore trouvé ce point d'habileté, de sçavoir retarder le cours de leur fortune pour l'affermir. Quelque ardeur neantmoins que Cinqmars eut pour l'avancement de la sienne, il ne laissoit pas de donner beaucoup à ses plaisirs, & de laisser voir l'aversion insurmontable qu'il avoit pour tous ceux du Roi, & comme ce Prince avoit l'esprit porté à la pieté, il ne cherchoit pour se délasser que des amusemens innocens. Ainsi tout ce qui pouvoit le soûlager, ou le divertir, accabloit son Favori de tristesse & de chagrin.

L'Abbé de Beaumont, lors Maître de chambre du Cardinal, & depuis Precepteur du Roi, & Archevêque de Paris, m'a conté qu'un jour son Maître l'ayant envoyé vers Cinqmars, pour l'avertir que le Roi étoit fort aigri contre lui, il le trouva dans sa chambre pleurant à chaudes larmes, & maudissant sa destinée. Il dit plusieurs fois qu'il aimoit mieux renoncer à toutes choses que de soûtenir plus long-temps la vie qu'il lui falloit mener auprés du Roi. Enfin il étoit dans de si grands emportemens, qu'à peine Beaumont pût lui faire comprendre, que le mécontentement du Roi contre lui venoit de ce qu'au retour de la chasse du Blereau, il avoit paru si fatigué, qu'il n'avoit pû demeurer un moment dans l'appartement du Roi, qui s'étoit retiré exprés dans son cabinet, pour n'y appeller que lui seul.

Le Cardinal dans le commencement prenoit soin de la conduite de Cinqmars. Il avoit même aidé en quelque sorte à sa fortune par amitié pour le Maréchal de Fiat son pere, qui lui étoit déja redevable de sa fortune: mais peut-être aussi parce qu'il sçavoit que la place de Favori ne pouvoit demeurer vuide, & qu'ayant vû le grand penchant du Roi pour Cinqmars, il avoit jugé plus à propos de le suivre que de s'y opposer.

Au retour du voyage de Picardie, Cinqmars demanda au Roi de le faire entrer dans le Conseil. Il crut que le Cardinal n'auroit aucun pretexte de s'y opposer, puisqu'il n'ignoroit pas que le Roi lui rendoit compte de ce qui s'y passoit de plus secret & de plus important. Cependant lorsque le Roi en fit la proposition, le Cardinal s'emporta jusqu'à dire qu'il suffiroit pour décrier les affaires dans les Païs étrangers, de laisser voir qu'une aussi petite tête que celle de Cinqmars y avoit quelque part : puis il l'envoya chercher, & lui dit à lui-même ce qu'il venoit de dire au Roi : A quoi il ajoûta des paroles si offensantes, que Cinqmars outré de douleur sortit d'avec lui comme un homme desesperé.

Peu de jours aprés, sur ce qu'on avertit le Cardinal que Cinqmars étoit amoureux de la Princesse Marie, & qu'il pensoit à l'épouser, il en fit des railleries tres-picquantes, & dit qu'il ne croyoit pas que cette Princesse eût tellement oublié sa naissance qu'elle voulût s'abaisser jusqu'à un si petit compagnon. Ce discours rapporté à Cinqmars acheva de mettre le comble à sa haine. Cependant ses démêlez n'éclaterent point alors, parce que le Cardinal jugea qu'il étoit de son interêt de ne pas laisser voir les pensées élevées de Cinqmars, & les peines qu'il lui donnoit: & Cinqmars ne crut pas aussi devoir donner connoissance à personne du discours qu'avoit fait le Cardinal, & du traitement qu'il en avoit reçû.

Pendant que ces choses se passoient entre le Cardinal & Cinqmars, le Duc de Bouillon fit son voyage de Guyenne. En passant à Orleans le hazard voulut qu'il rencontra Monsieur le Duc d'Orleans. Le Duc de Bouillon vouloit l'éviter, sçachant qu'il s'étoit souvent expliqué de la haine qu'il avoit pour lui. Cette haine étoit fondée sur ce que du temps que ce Prince s'étoit retiré à Bruxelles, il avoit plusieurs fois fait chercher le Duc de Bouillon pour l'attirer dans son parti, sans jamais avoir pû l'y engager. Il le reçût neantmoins d'une maniere tres-obligeante, & voulut même le retenir pour faire la S. Hubert à Chambort.

Aprés qu'il fut arrivé à Turenne, & qu'il eut donné quelques jours aux affaires d'une Terre si considerable, où il n'avoit jamais été, il alla dans celles qu'il avoit en Perigord. Estant à Limeüil, & revenant de la chasse, un homme inconnu lui rendit un billet que de Thou lui écrivoit. Il fut extrêmement surpris quand il vid qu'il étoit datté d'une demie-lieuë de Limeüil, & qu'il trouva que de Thou le prioit de lui donner un lieu où il le pût voir sans estre connu. Il fit ce que de Thou lui demandoit: & lorsqu'ils furent ensemble, de Thou lui dit qu'il venoit le prier instamment de la part de Cinqmars de vouloir retourner à la Cour, & que son retour y étoit d'une tres-grande importance. Le Duc de Bouillon lui demanda les raisons qui pouvoient obliger Cinqmars à lui proposer de faire une démarche si extraordinaire : mais il fut bien surpris lorsque de Thou lui répondit que Cinqmars ne les lui avoit pas confiées. Ce procedé lui parut tres-offensant à son égard, & presque incroyable à l'égard de de Thou. Il lui dit que comme il ne venoit que d'arriver, il lui étoit impossible de s'en retourner sans aucun pretexte, & sans aucune raison apparente. Qu'il le prioit de faire comprendre à Cinqmars, & même de ne lui pas témoigner tout son mécontentement : qu'il faloit donner quelque chose à la jeunesse : que la faveur avoit aussi ses privileges, & que même il se croyoit obligé à ménager Cinqmars, par la consideration des offices qu'il en avoit reçûs, & par la confiance qu'il lui avoit témoigné en Picardie. Ils raisonnerent ensuite sur l'état de la Cour, & de Thou s'en retourna peu satisfait de son voyage.

Environ trois sepmaines aprés que de Thou s'en fust retourné, le Duc de Bouillon étant à Turenne, reçût une lettre du Roi qui lui ordonnoit de se rendre en diligence à la Cour. Il partit incontinent; & en même temps qu'il fut arrivé à Paris, de Thou le vint trouver, pour le prier de la part de Cinqmars, qu'il pût lui parler devant qu'il vid le Roi, ni le Cardinal. Le Duc de Bouillon eut beaucoup de peine à se résoudre à une entreprise qu'il jugea tres-perilleuse: neantmoins de Thou l'obligea d'y consentir, aprés lui avoir dit les mesures qu'il avoit prises pour le pouvoir faire sans rien craindre.

Le Duc de Bouillon demanda lors à de Thou, si Cinqmars ne lui avoit point dit enfin le sujet du voyage qu'il lui avoit fait faire en perigord. De Thou lui dit qu'il n'en sçavoit pas davantage, que lors qu'il l'avoit quitté ; mais que Cinqmars l'avoit fort assuré qu'ils verroient bien dans la suite que ni l'un ni l'autre n'auroient sujet de se plaindre de la maniere dont il avoit usé en cette occasion.

Le Roi faisoit alors son sejour à Saint Germain. De Thou y mena le Duc de Bouillon dans son carrosse, & à la faveur de la nuit, & des précautions qu'on avoit prises, lui & Cinqmars se virent sans qu'on le sçût. Fontrailles se trouva dans la chambre de Cinqmars. Cinqmars le presenta comme son ami intime au Duc de Bouillon, qui ne l'avoit jamais vû, & ajoûta en le presentant, que quoi qu'il eut une confiance entiere en Fontrailles, il n'eût pas pris la liberté de le faire trouver en cette entreveuë sans le consentement du Duc de Bouillon, s'il n'avoit jugé qu'il y avoit toujours plus de seureté aux personnes de qualité qu'à des valets; & qu'enfin il avoit fait retirer tous ses gens, sous pretexte de vouloir estre seul avec Fontrailles, comme cela lui arrivoit souvent.

Aprés les premiers complimens Fontrailles & de Thou se retirerent dans un cabinet, & lors Cinqmars commença à dire.

au Duc de Bouillon, que le Roi ne se portoit pas bien depuis son retour de Picardie : que neantmoins le Cardinal n'avoit pas laissé de le faire résoudre au voyage de Catalogne: Qu'on avoit aussi resolu presque en même temps de le faire venir de Turenne, pour lui donner le commandement de l'Armée d'Italie, & qu'il avoit jugé tres-important qu'avant qu'il vit personne, il fut averti qu'on avoit cette pensée, dautant plus qu'il ne pouvoit se persuader qu'elle fût venuë au Cardinal par aucune bonne intention; puisqu'il ne perdoit point d'occasion de donner au Roi de mauvaises impressions de lui. Qu'il lui avoit dit depuis peu que Madame sa femme avoit beaucoup de pouvoir sur son esprit,

esprit, & le cœur entierement porté pour l'Espagne.

Qu'il avoit entendu que Monsieur des Noyers disoit au Roi, que ce n'étoit pas une chose difficile de lui ôter Sedan, parce qu'étant obligé par le Traité de protection d'y recevoir les troupes du Roi, on seroit en droit de l'arrêter en cas qu'il refusât celles qu'on y voudroit envoyer. Qu'enfin la méfiance qu'on avoit de lui étoit si grande, qu'il n'y avoit rien qui parut plus important au Cardinal que de l'empêcher de retourner à Sedan. Qu'on ne vouloit pas même souffrir qu'il demeurât en Guyenne, & que la maniere dont il avoit été visité avoit donné de l'ombrage. Que sans doute l'on ne vouloit l'envoyer en Italie que pour pouvoir s'assurer de sa personne, en cas que le Roi vint à mourir. Qu'il ne seroit pas difficile de l'arrêter dans une Armée où il n'auroit aucune troupes à lui, pas même un seul ami, & où il n'étoit connu que par sa reputation seulement. Que quelque grand Capitaine qu'il fût, elle s'y trouveroit même fort exposée par les choses extraordinaires que le Comte d'Harcourt y avoit faites. Que pour les soûtenir il falloit estre assuré d'une aussi grande fortune que la sienne, & d'avoir le ministere favorable comme lui. Que d'ailleurs le fort des affaires seroit maintenant du côté de la Flandre, ou de l'Allemagne

Cinqmars ajoûta qu'il étoit mieux avec le Roi qu'il n'avoit jamais été. Qu'il n'étoit pas moins assuré des bonnes graces de Monsieur, à qui il avoit fait dire depuis peu par le Comte d'Aubijoux, qu'on vouloit l'obliger de faire le voyage de Catalogne, mais qu'il lui conseilloit de n'y pas aller, étant assuré que la pensée du Cardinal étoit de l'y faire arrêter si le Roi venoit à mourir. Qu'en ce cas le Cardinal n'avoit pas de petits desseins, puisqu'il avoit même proposé au Roi, sous de foibles pretextes, de laisser la Reine avec ses deux enfans au Château de Vincennes, dont Chavigni, creature de ce Ministre, étoit Gouverneur. Qu'on étoit persuadé que le Roi ne pouvoit vivre longtemps. Que c'étoit pour cette seule consideration que le Cardinal l'avoit porté au voyage de de Catalogne, sous pretexte de la necessité des affaires. Qu'il ne doutoit pas que mourant éloigné de la Reine & de ses enfans, & lui étant maître du Confesseur & des affaires, il ne le fût aussi de toutes les pensées du Roi quand il seroit à l'extremité, & qu'alors étant maître aussi de la Cour & de l'Armée, son ambition n'auroit de bornes que celles qu'il se voudroit prescrire. J'ai fait aussi dire à Monsieur, ajoûta Cinqmars, que dans cette extremité je lui conseillois de s'assurer des Espagnols, afin qu'en cas que le Roi vint à mourir, le parti qu'il pourroit faire en France se trouvât appuyé des Etrangers, par un Traité qui seroit fondé sur le dessein d'une paix generale, & que par là on se pourroit mettre à couvert des pernicieux desseins du Cardinal leur ennemi commun. Je suis même persuadé, continua-t-il, que le moyen le plus infaillible pour le perdre, le Roi ne mourant pas, c'est de disposer Monsieur à prendre les armes, parce qu'étant d'intelligence avec lui, comme je le serai, & voyant souvent le Roi tellement lassé de son ministere, qu'il voudroit en estre délivré, je ferai que son Altesse Royale ne se declarera que dans une conjoncture si favorable, que je pourrai infailliblement faire prendre une derniere resolution au Roi contre le Cardinal, & j'ai fait un projet du Traité d'Espagne que je veux vous montrer.

Alors le Duc de Bouillon l'interrompit, & lui dit qu'il étoit bien-aise de s'expliquer avec lui sur le sujet des Espagnols : qu'il venoit de sortir de leurs mains, & qu'il étoit resolu de n'y rentrer jamais : qu'il avoit trop éprouvé leur peu de foi, & leur foiblesse : que d'ailleurs la division étoit si grande parmi eux, qu'il étoit impossible qu'ils se portassent jamais à aucune entreprise considerable, ou que dans la suite ils ne la ruinassent eux-mêmes par leur mes-intelligence.

Cinqmars surpris au dernier point de trouver le Duc de Bouillon si opposé au Traité d'Espagne, & voyant que dans une affaire de cette consequence il s'étoit trop avancé avec un homme qui n'entroit pas dans ses desseins, reprit neantmoins son discours, sans paroître embarrassé.

Il dit au Duc de Bouillon que nonobstant toutes ces considerations, il seroit toujours avantageux que Monsieur fist un Traité avec les Espagnols, parce qu'il en seroit plus considerable, & que lui ayant tout pouvoir sur son esprit l'empêcheroit de s'en servir, si dans la suite on ne le trouvoit absolument necessaire. Là-dessus étant rentré sur ce qui regardoit le Duc de Bouillon, il l'assura qu'il avoit fait sa paix avec son Altesse Royale, & qu'il l'avoit disposée à s'éclaircir avec lui sur les choses dont elle disoit avoir sujet de se plaindre. Que la premiere fois qu'elle le verroit elle lui en parleroit peut-être d'elle-même.

Cinqmars finit en faisant remarquer au Duc de Bouillon

combien il devoit conter sur lui, puisqu'il venoit de lui donner des marques d'une si grande confiance : Qu'il y alloit de sa fortune & de sa vie que le secret en fût gardé.

Le Duc de Boüillon lui répondit qu'il n'auroit pas sujet de s'en repentir : qu'il n'en parleroit à personne du monde : qu'il lui demandoit le même secret, sur tout en ce qui regardoit le Traité d'Espagne. Il s'enquit si de Thou n'en avoit pas de connoissance, & Cinqmars lui ayant répondu qu'il ne lui en avoit point parlé, le Duc de Bouillon lui promit qu'il ne lui en parleroit point aussi ; & lui dit, que pour ce qui regardoit l'employ d'Italie, il y penseroit : qu'après en avoir balancé les avantages & les inconveniens il prendroit

sa

sa resolution, & que pour tout le reste ils pourroient en parler à loisir.

L'on peut juger par tous ces discours de Cinqmars que le Duc de Bouillon se retira avec une matiere assez ample de raisonner & de craindre. Il voyoit bien que l'ambition de Cinqmars & sa haine pour le Cardinal pouvoient lui faire exagerer beaucoup de choses : mais aussi à juger sainement de l'état de la Cour, & du sien particulier, il trouvoit de grandes vray-semblances à tout ce qu'il venoit d'apprendre. Ce qu'il y avoit de plus pressé pour lui, c'étoit de se déterminer sur l'emploi d'Italie : puisque le Roi l'ayant fait venir pour ce sujet, il y avoit apparence qu'il ne seroit pas long-temps sans lui en parler :

L

s'il l'acceptoit il y avoit beaucoup de raisons d'en apprehender les suites: Mais dans la conjoncture où étoient leurs affaires, il y avoit encore plus de peril à le refuser: & pour prévenir ce qu'il avoit à craindre d'un refus s'il prenoit ce parti, il falloit se retirer secretement & en diligence dans Sedan, comme le seul moyen pour éviter d'estre arrêté.

C'étoit bien tout ce que Cinqmars & les ennemis du Cardinal pouvoient souhaiter, qu'il se retirât à Sedan: & à ne regarder que le commencement de l'affaire, le Duc de Bouillon y voyoit tout ensemble leurs avantages communs, & sa seureté: mais à penetrer dans les suites, il y trouvoit sa perte assurée. D'ailleurs la Duchesse de Bouillon étant à Turenne avec ses enfans, c'étoit des ôtages assurez de sa conduite. Enfin après avoir pesé toutes choses, il alla dés le lendemain faire la reverence au Roi, & voir le Cardinal, resolu de recevoir la proposition qu'on lui feroit, comme en étant surpris ; mais aussi comme en étant tres-satisfait. La verité est, & je lui ai ouï dire plusieurs fois, qu'il fut aussi extrêmement touché de la gloire de se voir recherché pour le commandement d'une Armée Royale six mois aprés la bataille de Sedan. Cette pensée seule eût pû suffire pour le déterminer : & sans doute elle contribua beaucoup à lui persuader que la fortune, & sa bonne conduite suppléroient à tout le reste.

Cependant on fut huit ou dix jours fans lui parler du deffein qu'on avoit ; foit que la chofe ne fut pas encore bien refoluë, foit parce que dans ce temps le Roi fe trouva encore plus mal qu'à l'ordinaire. Ce Prince avoit naturellement une fanté tres-mauvaife. Elle étoit alors fi affoiblie, que les Medecins commencerent à craindre pour fa vie, & à le dire fecretement à leurs amis. Mais comme les fecrets de cette confequence deviennent bien-tôt des nouvelles publiques, le bruit fe répandit par tout que le Roi ne pouvoit vivre long-temps.

Dans l'attente d'une fi grande revolution, chacun faifoit des raifonements fur les affaires generales, & y regloit les projets de fa fortune particuliere. Mais cette conjoncture étant la plus délicate & la plus dangereuse qu'on eut encore vûë, la crainte & la défiance augmentoit par le peril, & faisoit que les Courtisans les plus hardis n'osoient concerter ensemble.

La Reine, que le Cardinal avoit persecutée en tant de manieres, se trouva alors dans de grandes frayeurs. Elle ne douta point que si le Roi venoit à mourir, ce Ministre ne voulut lui ôter ses Enfans pour se faire donner la regence: & quoique ces pensées lui fussent autant de coups mortels, elle n'y bornoit pas neantmoins toutes ses craintes.

Monsieur le Duc d'Orleans qui dans plusieurs occasions importantes de sa vie avoit aussi ressenti des effets sanglants de la haine du Cardinal, ne pouvoit douter qu'il ne le regardât comme son plus redoutable ennemi, & par le souvenir du passé, & par l'autorité que la qualité de Frere unique du Roi sembloit lui promettre dans le temps d'une regence.

Les choses étant en cet état, l'on peut juger de l'embarras où se trouvoit le Duc de Bouillon. Comme il avoit passé sa vie dans la guerre, & hors de France, il n'avoit presque d'autre connoissance de la Cour que celle qu'il pouvoit tirer du peu de sejour qu'il y avoit fait; & les lumieres naturelles, quelques grandes qu'elles soient, n'y peuvent suffire, si elles ne sont soûtenuës de quelque experience, ou des conseils d'un ami sincere, qu'on trouve plus difficilement en ce lieu là, qu'en aucun autre lieu du monde.

Cependant l'on commença à découvrir la pensée qu'on avoit d'envoyer le Duc de Bouillon en Italie ; & encore qu'il ne se fût ouvert à personne de la resolution qu'il avoit prise sur ce sujet, toutesfois les Courtisans toujours prêts à decider de l'avenir, toujours avides de nouveautez, & dans cette occasion impatiens de voir commencer le desordre, disoient déja qu'il refuseroit cet emploi, & qu'il se retireroit à Sedan.

La Reine fondée sur ce bruit, ou pressée de ses craintes, le fit rechercher par de Thou secretement, & avec beaucoup d'instance. Elle lui fit demander premierement de vouloir s'attacher à elle, & de lui en donner deux marques qu'elle croyoit tres-essentielles : La premiere, d'accepter l'emploi d'Italie, afin qu'il y eût à la tête d'une Armée une personne de son merite, dont elle fut assurée: L'autre, que le Roi venant à mourir il voulût lui promettre de la recevoir dans Sedan avec ses deux enfans, ne croyant pas, tant elle étoit persuadée des mauvaises intentions du Cardinal, & de son pouvoir, qu'il y eut aucun lieu de seureté pour eux dans toute la France.

De Thou dit encore au Duc de Bouillon, que depuis la maladie du Roi, la Reine & Monsieur le Duc d'Orleans s'étoient liez étroitement ensemble, & que c'étoit par Cinqmars que leur liaison avoit été faite : mais que ce secret n'avoit été confié qu'à lui seul, & qu'il le prioit de n'en rien témoigner à personne sans exception.

Le Duc de Bouillon le lui promit; & rentrant dans le discours, il lui dit qu'il n'étoit pas possible que les choses vinssent jamais à cette extremité, qu'on pût avoir besoin d'une retraite pour les Enfans de France : que cependant ils seroient toujours les maîtres à Sedan quand la Reine voudroit les y envoyer, & qu'il tiendroit à honneur de les y recevoir : Que pour l'emploi d'Italie on ne lui en avoit point encore parlé : mais qu'en cas qu'on lui offrit, il se conformeroit aux volontez de la Reine. Deux jours aprés de Thou, de son propre mouvement, souhaita que la Reine témoignât au Duc de Bouillon la satisfaction qu'elle avoit de la maniere dont il avoit répondu aux choses qui lui avoient été dites de sa part; ce qu'elle ne pût faire qu'en fort peu de paroles, & en passant pour aller à la Messe, se remettant du reste à de Thou, comme ayant en lui une confiance entiere.

Cependant le Roi se porta mieux, & le Cardinal declara au Duc de Bouillon qu'on l'avoit destiné pour le commandement de l'Armée d'Italie. Il lui parla sur cet emploi d'une maniere tres-obligeante : mais il ne lui dit pas une parole qui ne marquât qu'il voulut s'assurer de lui, & l'attacher à sa fortune : soit qu'il fût retenu par la consideration de sa gloire, croyant indigne de lui de rechercher personne, soit qu'ayant resolu de le perdre, il voulût éviter la honte de s'estre servi des aparences d'une amitié veritable pour l'accabler plus surement. Le Duc de Bouillon acceptant l'emploi répondit aussi en termes generaux, & en la maniere qui pouvoit convenir à un homme de sa qualité.

Le même jour le Duc de Bouillon étant retourné à Paris, Cinqmars le vint prendre vers les dix heures du soir, pour le mener voir Monsieur qui couchoit à l'Hôtel de Venise, où étoient alors ses écuries.

Aprés que le Duc de Bouillon l'eut satisfait par l'éclaircissement des choses passées, Monsieur lui dit tout ce qu'on peut s'imaginer d'obligeant, lui demanda son amitié, & lui promit de le servir en toutes les occasions. Cinqmars ajoûta, s'adressant à Monsieur, qu'il croyoit lui avoir rendu un grand service, d'avoir attiré dans ses interêts une personne de la qualité du Duc de Bouillon, qui joignoit à son grand merite la consideration d'une place tres-importante. Ensuite il parla du Cardinal sans aucun ménagement, fit un grand discours sur ce qu'ils en devoient tous craindre, si le Roi venoit à mourir, & Fontrailles & d'Aubijoux presens, il dit qu'il faloit traiter avec les Espagnols. Alors Monsieur, prenant la parole, assura qu'il alloit envoyer Fontrailles à Madrid, & qu'il lui recommanderoit les interêts du Duc de Bouillon s'il vouloit entrer dans le Traité. Le Duc de Bouillon répondit, qu'il avoit déja parlé nettement à Cinqmars sur ce sujet, & qu'il n'avoit point changé de sentiment. En suite il representa l'état des Espagnols, & leurs manquemens à tous les Traitez, plus au long qu'il n'avoit fait à Cinqmars, ajoûtant qu'il ne doutoit pas que la consideration de la personne de Monsieur ne leur fist faire de plus grands efforts qu'ils n'avoient fait pour Monsieur le Comte & pour lui : mais qu'il n'y avoit point de précaution à prendre contre leur peu de foi, & contre leur foiblesse.

Le Duc de Bouillon, comme on peut juger, ne s'étoit pas preparé à cette conversation. En effet il étoit tres-mécontent de s'y voir exposé. Cependant faisant reflexion à la puissance qu'auroit Monsieur si le Roi venoit à mourir, & à la liaison qu'il avoit avec la Reine, dont de Thou lui avoit fait confidence, il crut que ne donnant pas satisfaction à Monsieur sur ce qui regardoit l'Espagne, il ne faloit pas au moins se separer de lui, sans entrer plus avant en matiere sur la revolution qu'on prévoyoit: Il jugea même qu'en remettant à s'expliquer nettement, cela attireroit une nouvelle negociation, qui se faisant par Cinqmars, lui feroit perdre le merite de la resolution, s'il en prenoit une qui fut agreable à la Reine & à Monsieur, parce qu'il paroîtroit que Cinqmars l'auroit déterminé. D'ailleurs encore que le Duc de Bouillon ne présumât jamais de lui, comme il est ordinaire aux plus grands hommes, il ne laissoit pas de voir de quel poids il pourroit estre dans une regence, s'il se trouvoit à la tête d'une Armée pour soûtenir les interêts de la Maison Royale contre le Cardinal.

Ces considerations l'obligerent à reprendre la conversation avec Monsieur, joint qu'il étoit bien aise d'aller au devant des pensées qu'on pouroit avoir de se retirer à Sedan aprés le Traité d'Espagne, ayant jugé, par le discours de Cinqmars, qu'ils étoient concertez pour les lui proposer. Il dit donc à Monsieur, qu'il ne sçavoit pas quels étoient ses projets si le Roi venoit à mourir : mais que dans la confiance qu'il lui faisoit l'honneur de lui témoigner, il croyoit lui pouvoir representer, qu'une personne comme lui devoit toujours fonder sur le dedans du Royaume sa consideration & ses forces, plûtôt que sur les Etrangers. Qu'il pouvoit avoir remarqué que lorsque le Cardinal l'avoit regardé comme son ennemi, il n'avoit rien épargné pour le reduire à sortir de France: qu'ainsi il ne faloit pas douter que dans le temps d'une regence il ne souhaitât encore davantage de lui voir prendre ce parti. Qu'étant parmi les Ennemis de l'Etat, cela donneroit toujours un pretexte plausible de faire soupçonner ses intentions, & d'éloigner de ses interêts les Parlemens & les peuples. Qu'il n'étoit pas de l'opinion de Cinqmars, qui croyoit qu'on pourroit l'arrêter l'arrêter si le Roi venoit à mourir : qu'il n'y avoit point d'exemple d'une pareille entreprise, & que le Cardinal, tout puissant qu'il étoit, ne sçauroit trouver personne qui voulût se charger d'executer un dessein si temeraire. Qu'il n'y avoit que la Reine seule capable de lui disputer quelque chose dans le temps d'une regence, & que s'il pouvoit estre uni d'interêts avec elle, il ne voyoit aucune apparence que le Cardinal pût seulement se mettre en état de leur resister. Que si cependant le Roi étant mort il croyoit estre reduit à sortir de France, Sedan seroit une retraite assurée pour lui, pour la Reine, & pour les Fils de France, & qu'il lui donnoit sa parole de n'entrer point dans d'autres interêts que dans les leurs.

Alors Monsieur prit le Duc de Bouillon & Cinqmars, & les ayant éloignez de Fontrailles & d'Aubijoux, il fit confidence au Duc de Bouillon de l'intelligence qui étoit entre la Reine & lui, & finit par lui témoigner une extrême satisfaction de la maniere dont il venoit de lui parler, soit qu'en effet il en fut content, ou qu'il ne jugeât pas à propos d'avancer aucune autre proposition sur Sedan, aprés les raisonnemens que le Duc de Bouillon venoit de faire.

Lorsque le Duc de Bouillon se trouva seul avec Cinqmars, il lui dit qu'encore que le succés de la conversation dont il venoit de sortir eût été tel qu'il pouvoit le souhaiter, il ne vouloit pas neantmoins lui celer combien il étoit mal satisfait de la maniere dont la chose s'étoit faite: Car pourquoi, dit-il, insinuer à Monsieur la retraite de Sedan, & quelle necessité de me parler devant lui du Traité d'Espagne ? Cinqmars aprés lui avoir témoigné le déplaisir qu'il avoit du chagrin où il le voyoit, tout cela, ajoûta-t'il, ne vous engage neantmoins à rien: j'ose même vous dire qu'en l'état où est la santé du Roi, je croi que je vous ai rendu un grand service de vous avoir non seulement raccommodé avec Monsieur, & de l'avoir obligé à vous parler avec une si grande confiance ; mais plus encore en ce que je l'ai disposé à se livrer entierement à vous, comme il le fera s'il prend le parti de se retirer à Sedan, je vous promets neantmoins de l'empêcher, si vous ne le trouvez pas à propos.

Le Duc de Bouillon qui vid bien que les raisons de Cinqmars n'étoient purement que des raisons d'esprit, & qu'en effet il n'avoit pensé qu'à l'engager avec Monsieur, répondit seulement, souvenez-vous au moins que je n'ai promis de donner retraite à Sedan qu'en cas que le Roi vienne à mourir. Car le Roi vivant ce seroit une belle conduite à moi de me trouver à la tête d'une de ses Armées, pendant que Monsieur & les Espagnols feroient de Sedan le theatre d'une guerre civile.

Le lendemain le Duc de Bouillon raconta à de Thou la conversation qu'il avoit euë avec Monsieur, à la reserve de l'article des Espagnols. Il lui dit aussi ce qui s'étoit passé entre lui & Cinqmars après estre sortis d'avec Monsieur, ajoûtant que tout Favori qu'il étoit, s'il lui arrivoit encore une fois d'agir avec lui comme il avoit fait en cette occasion, assurément ils romproient ensemble, & qu'il voyoit bien que tous ces soins officieux n'avoient eu pour fondement que le désir de l'embarquer, pour se faire un appui contre le Cardinal.

De Thou n'excusa point Cinqmars. Il avoua que la jeunesse le faisoit quelquefois aller plus vîte qu'il n'eût été à souhaiter; & il repeta plusieurs fois au Duc de Bouillon de prendre bien garde à ne se pas embarrasser. Ces paroles lui firent comprendre que de Thou sçavoit le dessein de Cinqmars touchant le Traité d'Espagne, comme en effet la chose se trouva veritable par la suite. Car Cinqmars l'avoit toujours confié à de Thou, & de Thou avoit aussi toujours fait tous ses efforts pour l'en détourner : mais n'ayant pû y réussir, il avoit tiré parole de Cinqmars que personne ne sçauroit jamais qu'il en eût eu connoissance; pas même le Duc de Bouillon. En effet de Thou, plûtôt que de s'en ouvrir à lui dans la conversation de Limeüil, aima mieux lui laisser faire des jugemens desavantageux de sa conduite, & du procedé de Cinqmars.

Dans cette même conversation le Duc de Bouillon demanda à de Thou s'il n'avoit pas ouï dire qu'il y avoit quelque changement à la faveur de Cinqmars. De Thou lui répondit qu'on lui en avoit dit quelque chose, qu'il en avoit même averti Cinqmars, qui l'avoit assuré que cela étoit entierement faux.

Toutefois, ajoûta de Thou, ce qui pourroit me faire soupçonner que ces bruits n'eussent quelque fondement, c'est que Cinqmars m'a demandé d'un air chagrin s'ils n'étoient point allez jusques à vous. Vous voyez bien par cette curiosité, dit alors le Duc de Bouillon en riant, que je suis un homme à qui Cinqmars confieroit volontiers l'augmentation de sa fortune, mais que je suis aussi celui à qui il s'ouvrira le plus difficilement, s'il est vrai qu'elle commence à diminuer.

La verité est, comme on l'a découvert aussi par la suite, que dans ce temps-là le Roi commençoit à donner de grandes mortifications à Cinqmars, mais en particulier, étant bien-aise lui-même que les Courtisans n'en eussent pas de connoissance, soit par bonté, ou par l'incertitude de pouvoir tenir sa colere contre un Favori, qui avoit sur son esprit un ascendant si grand & si naturel.

Cinqmars avoit accoûtumé d'entrer tous les matins dans la chambre du Roi dés le moment qu'il étoit éveillé, & d'y estre deux heures entieres tout seul: mais lorsque le Roi étoit en chagrin contre lui, il le privoit de cet avantage : & Cinqmars pour empêcher qu'on ne découvrît ce changement, venoit
toujours

toujours au Louvre à la même heure qu'à l'ordinaire, & entroit par la porte de la garderobe : mais au lieu d'aller jusqu'à la chambre du Roi, il demeuroit caché dans un petit passage qui étoit tout proche, où il s'amusoit à lire des Romans, en attendant que le Roi fit appeler les Officiers privilegiez. Alors le premier Valet de chambre, qui étoit dans les interêts & dans la confidance de Cinqmars, le faisoit entrer par une porte de derriere qui aboutissoit à ce passage : en sorte que ceux qui entroient par l'autre porte le trouvant déja dans la chambre du Roi, & voyant ainsi les mêmes apparences de privauté, jugeoient que sa faveur étoit aussi toujours la même.

 Pendant que ces choses se

passoient ainsi, le Duc de Bouillon eut plusieurs conferences avec le Cardinal sur les affaires d'Italie, & s'en trouvant suffisamment instruit, il crut qu'en l'état où il voyoit la Cour, le meilleur parti qu'il pouvoit prendte, c'étoit de s'en aller à Turenne, sous pretexte de travailler à son équipage. Il alla donc à S. Germain pour faire agréer son départ au Cardinal de Richelieu : mais il trouva qu'il étoit à Ruel, & qu'il n'en devoit revenir que le soir : Il se resolut de l'attendre, & Cinqmars l'ayant prié à dîner, il y alla, & mena de Thou avec lui.

Les personnes de la premiere qualité mangeoient souvent chez Cinqmars, mêmes les plus dévoüez au Cardinal, & ses parens aussi : car Cinqmars gardoit toujours avec ce Ministre toutes les mesures de bienséance. Il s'étoit même raccommodé plusieurs fois avec lui, c'est à dire aussi sincerement qu'on se racommode à la Cour; lors qu'aprés avoir été fort offensé, on a encore à disputer de la faveur.

Durant le dîner Cinqmars commença plusieurs conversations indifferentes, & pleines d'une gayeté extraordinaire. Elle ne fit neantmoins qu'augmenter le soupçon où étoient déja le Duc de Bouillon & de Thou touchant sa faveur : car ils crurent voir de l'affectation dans tout ce qu'il disoit , & beaucoup plus d'embarras que de liberté d'esprit : soit qu'ils fussent préoccupez , ou parce qu'en effet il n'est jamais si difficile de parler juste, que lors que l'on parle de peur de se taire.

Aprés le dîner le Duc de Bouillon s'étant trouvé seul avec Cinqmars & Fontrailles, Cinqmars ne pût s'empêcher de parler de sa haine contre le Cardinal, & de passer encore au Traité d'Espagne.

Le Duc de Bouillon n'en fut pas fâché, afin de faire voir à Fontrailles qu'il n'avoit pas changé de sentimens : Mais Fontrailles, sur les difficultez que le Duc de Bouillon exposa tout de nouveau, prit occasion de dire qu'il y avoit en effet des moyens plus courts & plus assurez contre le Cardinal, si l'on vouloit s'en servir. Lors Cinqmars regarda le Duc de

Bouillon qui changea la conversation, comme s'il n'avoit rien compris au discours de Fontrailles. Cinqmars qui le remarqua, dit adroitement, que les autres moyens dont Fontrailles vouloit parler étoient sans doute, si le Duc de Bouillon au lieu d'aller en Italie, vouloit donner retraite à Monsieur dans Sedan, & s'y retirer avec lui, pour declarer la guerre au Cardinal. Le Duc de Bouillon répondit qu'il faloit s'en tenir à ce qui avoit été arrêté, & qu'il n'iroit pas plus avant : Puis ajoûta que Sedan étoit à la verité une bonne place ; mais qu'à leur parler confidemment elle ne pouvoit tenir long-temps devant une grande Armée, parce qu'il y avoit deux postes tout auprés qu'on ne pouvoit garder, & qu'étant pris, ils feroient prendre la Place infailliblement. Que toutes les fois qu'on conteroit sur Sedan, il faloit se mettre dans l'esprit d'y assembler une Armée capable d'entrer en France, pour y hazarder d'abord un grand combat. Cette conversation finit de la sorte; & le soir le Cardinal étant arrivé de Ruel, le Duc de Boüillon l'alla trouver, & il fut resolu, que quand il voudroit, il pourroit partir pour Turenne.

Le Duc de Bouillon se voyant ainsi maître de son départ, la premiere pensée qui lui vint dans l'esprit, fut de retourner à Paris pour prendre congé de Monsieur, avant que Cinqmars eut le temps de le preparer à lui faire de nouvelles instances sur Sedan, & sur le Traité d'Espagne.

À peine le Duc de Bouillon fut arrivé au Luxembourg, où Monsieur logeoit alors, que de Thou lui vint dire que la nouvelle venoit d'arriver au Roi, que le Maréchal de Guebriant avoit défait Lamboy General de l'Armée de l'Empereur. Cela donna lieu au Duc de Bouillon de dire tout bas à Monsieur, qu'il ne pouvoit s'empêcher de lui faire considerer, qu'après cet échet que les Espagnols venoient de recevoir, il étoit aisé de juger qu'il n'y avoit enfin rien à esperer d'eux, & que le Maréchal de Guebriant étant posté aussi avantageusement qu'il l'étoit, leurs affaires seroient entierement ruinées en Flandre, pour peu que les Hôlandois vouluſſent favoriſer la France; à quoi Monſieur ne répondit pas une parole.

Le même jour de Thou reçût un billet de Cinqmars, qui le prioit de faire en ſorte que le Duc de Bouillon allât coucher à S. Germain. Il le montra au Duc de Bouillon, qui lui dit qu'il venoit d'apprendre que Monſieur y étoit allé, & qu'il n'étoit pas difficile de deviner que c'étoit pour cette raiſon que Cinqmars étoit ſi preſſé de l'y faire retourner; mais qu'il n'iroit point pour prendre congé du Roi, que Monſieur ne fut revenu à Paris, comme il fit en effet.

Lorſque le Duc de Bouillon dit adieu au Cardinal, ce qui ſe paſſa entr'eux fut proprement une repetition de ce qui s'y étoit passé le jour que le Cardinal lui avoit proposé l'emploi d'Italie : mais il y ajoûta cet excés de civilité, qu'il voulut le mener lui-même chez le Roi, pour lui faire prendre congé.

Le Duc de Bouillon & Cinqmars se separerent aussi sans qu'il se passât rien de nouveau entr'eux. Le Duc de Bouillon ayant demeuré deux ou trois jours à Paris pour ses affaires particulieres, Cinqmars y vint pour lui dire adieu encore une fois, & lui renouvella toutes les protestations d'amitié qu'il lui avoit déja faites.

Le Duc de Bouillon passant à Limoges, Fontrailles y arriva presque aussi-tôt que lui, & l'étant venu voir chez l'Evêque de Limoges, où il étoit logé, il lui dit qu'il s'en alloit enfin à Madrid de la part de Monsieur, pour traiter avec les Espagnols, & que le regardant comme celui qui devoit soûtenir le poids de toutes leurs affaires, il le prioit de prendre garde sur toutes choses à la sureté de sa personne. A quoi le Duc de Bouillon répondit, qu'il ne pouvoit comprendre que Monsieur n'eût pas entierement abandonné le dessein de ce Traité, aprés ce qu'il lui avoit representé de l'état où la défaite de Lamboy devoit avoir mis les affaires de Flandre, à l'égard des Espagnols : que pour lui il pouvoit bien juger que ce mauvais succés n'avoit pas changé les dispositions où il l'avoit vû, & qu'ainsi il le prioit de ne le nommer en aucune maniere dans toute sa negociation, parce qu'il étoit plus resolu que jamais de n'entrer de sa vie en affaire avec les Espagnols.

Fontrailles fit tous ses efforts pour tirer de lui quelque parole moins décisive : mais ses raisonemens furent inutiles, le Duc de Bouillon lui repetant toujours les mêmes choses.

Vers la fin du mois de Mars Monmort allant à Thoulouse passa en poste à Turenne; c'étoit un Gentilhomme de qualité & de merite, attaché à Cinqmars, & aussi avant dans sa confiance que Fontrailles même. Cinqmars l'avoit chargé de dire au Duc de Bouillon qu'il étoit de la derniere consequence qu'il pût lui parler encore, & qu'il le prioit instamment de vouloir si bien prendre ses mesures, qu'allant en Italie il se rencontrât à Lyon lorsque le Roi y passeroit pour aller en Catalogne. Mais le Duc de Bouillon au contraire retarda son départ pour éviter de s'y trouver, non seulement afin de ne pas s'exposer à de nouvelles propositions embarrassantes, mais encore parce que Cinqmars y avoit donné rendez-vous à un grand nombre de Gentilhommes d'Auvergne ses amis ; ce qui fit faire des reflexions au Duc de Bouillon sur ce discours de Fontrailles, que pour perdre le Cardinal il y avoit des moyens plus courts & plus assurez qu'une guerre déclarée.

Le Duc de Bouillon ne partit donc de Turenne qu'après avoir jugé, par les nouvelles qu'il eut de la Cour, qu'elle avoit déja passé Lyon, & qu'ainsi il ne pouvoit plus la rencontrer en son chemin. La Duchesse de Bouillon l'accompagna durant quelques jours, & puis s'en retourna à Sedan avec ses enfans.

Le Duc de Bouillon étant couché à Tarare prés de Lyon, Monmort y arriva la nuit en poste. Cinqmars l'envoyoit sur la route du Duc de Bouillon, pour lui dire que le Cardinal étoit à l'extremité : que pour lui il n'avoit jamais été si avant dans les bonnes graces du Roi, & qu'ainsi il esperoit que dans peu de temps le Duc de Bouillon n'auroit pas sujet de se repentir de lui avoir donné part en son amitié.

Monmort ajoûta que Fontrailles étoit revenu de Madrid

avec un Traité signé en la manière que Monsieur l'avoit souhaité; mais qu'en l'état où étoit le Cardinal il seroit inutile.

Le Duc de Bouillon après avoir répondu aux civilitez de Cinqmars, chargea Monmort de lui dire que Monsieur étoit fort heureux, que le secours des Espagnols ne fût pas necessaire, puisque par une lettre qu'il venoit de recevoir de Liege, il étoit plus assuré que jamais qu'ils ne pouvoient point en donner de considerable.

Le Cardinal fut en effet assez malade peu de jours après qu'il eut passé à Lyon: il demeura même en chemin, & se fit porter à Tarascon, pendant que le Roi alla au siege de Perpignan: mais ce ne fut pas son mal seulement qui l'obligea de s'arrêter. Le pouvoir de Cinqmars sur l'esprit du Roi avoit tellement augmêté pendant le voyage, que le Cardinal croyoit avoir sujet de tout craindre; & si le public voyoit clairement par les choses exterieures l'augmentation de cette faveur, le Cardinal la voyoit encore mieux par ce qui se passoit dans les affaires, & par la maniere dont le Roi lui parla plusieurs fois de son Favori. Cinqmars lui-même, loin de cacher son état heureux, ne perdit aucune occasion de le faire remarquer.

Il sembla même au Cardinal que le Roi étoit changé pour lui, & que la face de la Cour changeoit aussi en faveur de Cinqmars. Enfin ce Ministre & ses creatures se trouverent dans de si grandes incertitudes de leur fortune, qu'il mit en déliberation si au lieu d'aller joindre le Roi, lorsque sa santé le lui permettroit, il ne devoit point au contraire se retirer tout-à-fait, & lui écrire qu'il s'éloignoit, parce qu'il ne pouvoit plus y avoir pour lui aucune sureté prés de sa personne; Cinqmars étant son ennemi declaré, & ayant engagé presque toute la Cour dans sa cabale.

Cependant le Roi tomba malade devant Perpignan, & se fit porter à Narbonne, où l'on crut qu'il mourroit infailliblement.

Cinqmars envoya un Courrier à Monsieur pour l'en avertir. Il s'étoit avancé à Bourbon, sous pretexte d'y prendre des eaux, & il n'eut pas plûtôt la nouvelle de l'état où étoit le Roi,

Roi, qu'il fit partir en poste le Comte d'Aubijoux, pour aller trouver le Duc de Bouillon en toute diligence.

D'Aubijoux n'apporta qu'une lettre de creance ; & il étoit chargé de demander au Duc de Bouillon les ordres necessaires pour faire recevoir dans Sedan Monsieur, avec la Reine & Messeigneurs ses enfans.

D'Aubijoux avoit lié une assez grande amitié avec le Duc de Bouillon. Il étoit homme de grande qualité de la Maison d'Amboise, & dans la reputation d'avoir beaucoup d'honneur & de courage. Le Duc de Bouillon le garda trois jours caché dans le Camp, ne pouvant se déterminer, & dans les conversations qu'ils eurent ensemble, le Duc de Bouillon lui repeta plusieurs fois les mêmes choses qu'il avoit déja dites à Monsieur, lorsqu'il l'avoit vû à l'Hôtel de Venise, & qu'on y avoit parlé de Sedan, du Traité d'Espagne, & de ce que Monsieur avoit à faire, si le Roi venoit à mourir. Car enfin plus le Duc de Bouillon y pensoit, & moins il pouvoit comprendre que la Reine & Monsieur peussent s'imaginer que Roi étant mort ils seroient obligez de sortir du Royaume, de sorte que lorsqu'il joignoit aux raisonnemens qui lui venoient sur cela dans l'esprit, le souvenir de tout ce qui s'étoit passé entre Monsieur, Cinqmars, & lui, il ne pouvoit presque douter que cette derniere instance sur Sedan ne fut un pur artifice de Cinqmars. Le pretexte de donner retraite à la Reine, à ses Enfans, à Monsieur, étoit plausible & glorieux au Duc de Bouillon; mais il avoit tout sujet de craindre que par cet engagement il ne se trouvât dans la suite, & malgré lui, embarqué avec les Espagnols pour soûtenir une guerre civile.

Cependant d'Aubijoux qui sçavoit avec quelle impatience on attendoit son retour, n'oublioit rien de tout ce qui pouvoit dissiper les soupçons du Duc de Bouillon, & le Duc de Bouillon ne doutoit pas que si on avoit dessein de le tromper, on n'eut commencé par tromper d'Aubijoux. D'Aubijoux lui avoit déja dit plusieurs fois qu'il étoit trop son serviteur pour ne le pas avertir: que s'il le renvoïoit sans lui rien accorder, il pouvoit s'assurer que Monsieur en auroit un ressentiment mortel; & que si le Roi venoit à mourir à Narbonne, comme il n'en doutoit pas, il étoit facile de comprendre qu'en l'état où les choses alloient estre, ce ne seroit pas une petite affaire d'avoir en même temps le Cardinal pour ennemi caché, & Monsieur pour ennemi declaré.

Le Duc de Bouillon avoit resisté à toutes ces considerations: mais enfin il arriva un Courrier de la Cour chargé de lettres pour lui, & pour plusieurs Officiers de l'Armée, qui portoient toutes que l'on desesperoit de la vie du Roi.

Alors le Duc de Bouillon se détermina, & donna à d'Aubijoux les lettres qu'il demandoit; mais avec cette précaution, qu'il tira parole de lui par serment, qu'elles ne sortiroient de ses mains, qu'aprés la mort du Roi; & que si le Roi revenoit en santé, il les garderoit pour les lui rendre, ou qu'il les brûleroit s'il y avoit du peril à les garder.

Quelque grande que fut la diligence que fit d'Aubijoux, les choses étoient changées d'une étrange maniere à son retour. Le Roi étoit hors de peril, & le Cardinal au milieu de ses incertitudes & de ses craintes avoit eu avis du voyage que Fontrailles avoit fait à Madrid; & en attendant qu'il pût en apprendre davantage, il envoya Chavigni, Secretaire d'Etat, en avertir le Roi, avec ordre de l'engager sur sa conscience à garder le secret. Cinqmars s'apperçût neantmoins de quelque changement dans l'esprit du Roi. Il en parla à Fontrailles, qui lui conseilla de se retirer auprés de Monsieur. Fontrailles voyant qu'il ne pouvoit le porter à prendre cette resolution, fit appeller en duel le Duc d'Espernon, pour avoir un pretexte de sortir de la Cour, sans que son éloignement pût augmenter les soupçons contre Cinqmars, aprés cela il se déguisa, & se sauva en Angleterre.

Cinqmars envoya avertir Monsieur de l'état des choses. Monsieur lui manda de se rendre à Moulins, à jour pris, & qu'il étoit resolu de sortir du Royaume par la Franche-Comté.

Pendant ce temps-là le Cardinal qui mettoit tout en usage pour découvrir le sujet du voyage de Fontrailles, trouva moyen enfin d'avoir une copie du Traité d'Espagne, sans qu'on ait encore bien pû sçavoir, ni par qui, ni comment. Dés ce moment il l'envoya à Chavigny pour le faire voir au Roi, avec ordre d'assurer sa Majesté, que cette copie avoit été prise sur l'original, & que sur la vie il en auroit les preuves. Alors on arrêta Cinqmars & de Thou, & l'on envoya en diligence les ordres necessaires pour observer Monsieur. Mais lorsqu'il vid, qu'il avoit perdu le temps de se pouvoir sauver par la Franche-Comté, il prit le parti d'envoyer à la Cour l'Abbé de la Riviere son Favori. Il le chargea d'une lettre pour le Cardinal, qui marquoit en termes tres-forts son extrême repentir, & le desir qu'il avoit de lui devoir son raccommodement. Le Roi, par l'entremise du Cardinal, promit de pardonner toutes choses à Monsieur, pourvû qu'il declarât la verité. Enfin l'Abbé de la Riviere negotia si heureusement, que son Maître touché du procedé du Cardinal, & de la bonté du Roi, avoüa generalement tout ce qui s'étoit passé: s'excusa d'avoir brûlé l'original du Traité d'Espagne : en donna une copie qu'il signa, pour la certifier, & la fit contre-signer par le Secretaire de ses commandemens.

Aprés que le Cardinal eut en ses mains une piece si importante, il dépêcha à Paris pour faire venir en diligence le Chancelier,

lier, afin qu'on travaillât avec des Commissaires au procés de Cinqmars & de Thou: Cependant on les fit conduire à Lyon dans le Château de Pierre encise : Et parce que Fontrailles, pour donner aux Espagnols une grande idée du parti, n'avoit pas laissé de nommer le Duc de Bouillon dans le Traité, malgré toutes ses précautions, & d'assurer qu'il les ratifieroit, & donneroit Sedan pour Place de retraite, on envoya en toute diligence un Courrier en Italie pour le faire arrêter.

Les ordres étoient adressez aux Officiers Generaux qui commandoient sous lui, le Comte du Plessis-Praslin, Couvonges, & Castelau. Aprés qu'ils eurent raisonné tous trois ensemble sur la maniere de les executer, ils convinrent qu'il faloit differer jusques au lendemain, que le Duc de Bouillon devoit aller visiter la Citadelle de Cazal, jugeant qu'ils ne pouvoient sans peril entreprendre de l'arrêter à la tête de l'Armée, tant étoit grande la veneration qu'on avoit pour lui, & l'estime qu'il s'y étoit acquise. Il l'avoit trouvée dans une licence si extraordinaire, qu'il n'y manquoit qu'un Chef pour la revolte, & par ses grands soins, & par la connoissance parfaite qu'il avoit de tous les ordres de la guerre, il l'avoit reduite en l'espace de six sepmaines dans une discipline exemplaire, sans qu'il en eut coûté la vie qu'à deux soldats : de maniere que jamais peutêtre General n'acquit en si peu de temps la reputation d'un si grand Capitaine, sans avoir fait de siege, donné de bataille, & sans avoir presque eu d'ennemis en tête. L'Armée se trouvant donc fort prés de Cazal, Couvonge qui en étoit Gouverneur, y alla dés le grand matin, afin d'y disposer toutes choses. Le Duc de Bouillon y mena Castelan avec lui, & laissa le Comte du Plessis pour commander au Camp.

Aprés que le Duc de Bouillon eut soupé à la Citadelle, il descendit à la Ville, où son logis étoit preparé, & ayant rencontré en son chemin un Officier qui venoit de l'Armée, il lui demanda ce qu'il y avoit de nouveau, l'Officier lui dit qu'il ne sçavoit rien, mais que s'il y avoit quelque chose, il avoit pû l'apprendre par le Comte du Plessis, qui devoit estre arrivé long-temps devant lui. Le Duc de Bouillon se tourna vers Couvonge, & lui dit qu'il ne sçavoit pas comment le Comte du Plessis l'entendoit, d'avoir quitté l'Armée sans son ordre. Couvonge répondit tout embarrassé, qu'il n'avoit été à Cazal qu'un moment : puis s'étant approché, ajoûta tout bas une si méchante raison pour s'excuser, que le Duc de Bouillon commença à soupçonner quelque chose, & un moment après il se retira dans sa chambre, disant qu'il vouloit écrire.

Couvonge qui avoit remarqué la surprise du Duc de Bouillon, comme le Duc de Bouillon avoit remarqué la sienne, alla d'abord trouver le Comte du Plessis pour lui dire ce qui venoit de se passer. Il l'avoit fait cacher dans un logis joignant celui du Duc de Bouillon, en attendant qu'il fut couché, parce qu'il avoit été resolu entr'eux qu'ils ne l'arréteroient que lors qu'il seroit au lict. C'étoit à Couvonges que le sort étoit tombé de porter la parole ; mais il avoit déja conçû tant d'estime & de respect pour le Duc de Bouillon, qu'il ne pût jamais se resoudre de l'arréter dans la Citadelle, & il lui sembla que ne l'arrétant qu'à la Ville, il ménageroit en quelque maniere les droits de l'hospitalité, & feroit avec moins de peine une action dont il ne pouvoit se défendre. Couvonges ayant dit au Comte du Plessis & à Castelan ce qui venoit de se passer entre le Duc de Bouillon & lui, ils jugerent tous qu'il y avoit du peril à differer un moment à executer leur deſſein. Couvonges revint donc ſur ſes pas à la chambre du Duc de Bouillon, & l'ayant trouvé qui ſe promenoit, il le ſupplia qu'il pût lui parler en particulier, feignant d'avoir eu par un eſpion quelque nouvelle conſiderable des Ennemis. Aprés que le Duc de Bouillon eut fait retirer ceux qui ſe trouverent auprés de lui, Couvonges commença par le compliment ordinaire en ces occaſions, qu'il avoit une douleur extrême d'avoir reçû du Roi ordre de l'arrêter priſonnier. Le Duc de Bouillon répondit, que s'il avoit un ordre, il étoit faux, & demanda à le voir. Couvonges dit qu'il l'avoit laiſſé au Comte du Pleſſis, qui n'étoit pas loin. Alors le Duc de Bouillon lui dit de l'aller chercher, & portant la main sur la garde de l'épée, ajoûta qu'il ne sçavoit ce qui l'empêchoit de lui en donner dans le corps, puisqu'il sçavoit si peu son devoir, que d'oser entreprendre d'arrêter une personne comme lui, sans avoir son ordre en main. Couvonges déja troublé de l'entreprise, & encore plus troublé de l'incident qui venoit d'arriver, retourna à Praslin, qui pour lors étoit dans la Cour.

Le Duc de Bouillon sans perdre de temps, & sans faire aucun bruit éteignit lui-même les flambeaux de sa chambre, & sortit par une porte de derriere. Il rencontra dans la ruë Saint Aubin Maréchal de Logis de sa Maison qui se retiroit. Aprés lui avoir confié l'état où il se trouvoit, il lui dit de le suivre, prit son manteau pour mieux se cacher, & marcha vers les rempars pour tâcher d'y trouver quelque endroit par où il se pût sauver : mais il jugea la chose impossible aprés avoir jetté des pierres en plusieurs lieux pour reconnoître la hauteur des murailles. Saint Aubin offrit de se jetter lui-même pour faire une épreuve plus assurée du peril. Mais le Duc de Bouillon qui le croyoit évident, ne voulut pas y consentir.

Dans ce temps ayant vû paroître la ronde, le Duc de Bouillon retourna sur ses pas, & s'étant arrêté proche d'une mazure, il envoya Saint Aubin à la Ville pour voir ce qui s'y passoit, & pour achepter des cordes, ne desesperant pas encore qu'à la faveur de la nuit il ne pût descendre par la muraille, & se sauver. Mais Saint Aubin revint un moment aprés, disant qu'il y avoit des corps de gardes aux avenuës qui ne laissoient passer personne, & qu'il avoit apris d'un soldat, que le peuple avoit pris les armes sur le bruit qui couroit que le Duc de Bouillon avoit voulu livrer Cazal aux Espagnols. Le Duc de Bouillon s'imaginant que peut-être Saint Aubin s'étoit effrayé mal à propos, marcha du côté d'où il l'avoit vû revenir, & non seulement il vid que le rapport de Saint Aubin étoit veritable, mais il entendit lui-même sa proscription; car on crioit à son de trompe, que l'on donneroit mille pistolles à qui le pourroit prendre mort ou vif.

Dans cette extremité le Duc de Bouillon se trouvant proche d'un cul de sac, où il y avoit un cabaret à biere, il y entra, sous pretexte de vouloir boire. Il ne trouva dans la maison qu'une femme. Mais le mari qui avoit couru au bruit qu'on entendoit dans la Ville revint un moment aprés, & leur raconta tout ce qu'il y avoit apris touchant ce desordre. Le Duc de Bouillon voyant qu'il n'avoit plus d'autre ressource, se mit dans l'esprit de gagner cet homme; & parce qu'il crût le pouvoir faire plus surement en l'absence de sa femme, il lui donna de l'argent pour aller querir du vin. Alors il se découvrit au mari, lui fit present de sa bourse, où il y avoit vingt ou trente pieces d'or, & lui promit de faire sa fortune. Enfin il le gagna si bien, que devant que sa femme fût revenuë, Saint Aubin s'en étoit retourné avec les ordres de ce qu'il avoit à faire, & le Cabaretier avoit déja fait cacher le Duc de Bouillon dans un grenier à foin, aprés lui avoir promis de le faire sauver la nuit suivante, & de ne rien dire à sa femme; mais il ne pût s'empêcher de lui faire part du secret, ni la femme de l'aller réveler à Couvonges dés le lendemain matin. Couvonges partit dans l'instant pour aller voir si l'avis étoit veritable, & ayant fait monter quelques soldats dans le grenier, le Duc de Bouillon qui se vid découvert mit l'épée à la main, & dit qu'il tuëroit le premier qui l'approcheroit. Il y en eut un qui lui tira un coup de piſtolet, mais il fit faux feu. Alors Couvonges entendant le bruit, monta en diligence par une échelle de main, diſant aux ſoldats qu'il feroit pendre le premier qui toucheroit au Duc de Bouillon.

La ſedition étoit ſi grande & ſi generale dans Cazal, à cauſe de la haine qu'on avoit pour les Eſpagnols, & du bruit qui s'étoit répandu que le Duc de Bouillon les vouloit rendre maîtres de la Place, que quelque précaution qu'on pût prendre, ce ne fut qu'avec beaucoup de peine qu'on le guarantit de la fureur du peuple, lorſqu'on lui fit traverſer la Ville: Mais parce que les ordres portoient de le faire conduire inceſſament au Château de Pierre enciſe, on le fit partir au même inſtant dans un carroſſe cadenaſſé, & avec une eſcorte qui marquoit aſſez combien on jugeoit important qu'il ne pût s'échaper.

Cinqmars & de Thou étoient déja dans le Château de Pierre encife, lorſque le Duc de Bouillon y arriva. Dés le même jour on trouva le moyen de lui faire recevoir un billet, qui lui donnoit une entiere connoiſſance de l'état des choſes. Mais ſi c'eſt d'ordinaire une conſolation & un grand avantage à un priſonnier d'avoir des nouvelles, le Duc de Bouillon acheta bien cher l'un & l'autre.

L'on ne ſçauroit exprimer quelle fut ſon indignation, lorſqu'il apprit que Fontrailles non ſeulement avoit promis au Roi d'Espagne, de la part de Monsieur, que le Duc de Bouillon entreroit dans le Traité, & donneroit Sedan pour place de sureté, mais encore que dans le même Traité on avoit demandé & obtenu une pension pour lui. L'on peut juger aussi quel surcroît ce fut à ses peines d'apprendre que Monsieur en ayant donné une copie en bonne forme, n'avoit pas dit dans la declaration qu'il y avoit ajoûtée, en quel cas seulement le Duc de Bouillon avoit promis de le recevoir dans Sedan; car ce point ne fut pas éclairci, soit que Monsieur n'osoit desavoüer ce que Fontrailles avoit avancé de sa part dans un Traité maintenant public, soit qu'il eut encore plus de peine à faire voir au Roi les projets qu'on avoit faits sur sa mort, & au Cardinal la terreur qu'il avoit de lui.

Cependant le Chancelier travailla à l'instruction du procés avec beaucoup de diligence, & Cinqmars & de Thou furent enfin condamnez d'avoir la tête tranchée, l'un comme autheur du Traité d'Espagne, & l'autre pour l'avoir sçû, & ne l'avoir pas revelé.

Il n'est pas possible d'aller à la mort avec plus de courage, & avec des marques d'une plus grande pieté chrétienne, qu'ils en témoignerent l'un & l'autre. Cinqmars prêt de monter sur l'échafaut écrivit à sa mere, pour la prier de faire payer quelques-uns de ses creanciers; & la lettre faisoit voir tout ensemble la liberté de son esprit, & le soin qu'il avoit de sa conscience.

De Thou plus instruit de sa Religion, fit des discours surprenans sur les Pseaumes & sur le nouveau Testament. On voyoit à toutes ses paroles une foi vive, & un entier détachement des choses du monde : Mais enfin si dans cette derniere action de leur vie ils firent paroître une constance égale, il est difficile qu'à considerer la disproportion de leur âge & de leur fortune, l'on ne trouve en faveur de Cinqmars quelque difference à leur gloire.

Le Duc de Bouillon peu sçavant dans les loix du Royaume, étoit persuadé qu'il n'avoit fait que l'action d'un homme d'honneur, de n'avoir pas revelé le secret de ses amis, & qu'il lui suffisoit pour n'estre pas

pas criminel de leze-majesté, de n'avoir donné aucun pouvoir, ni rien signé touchant le Traité d'Espagne. Mais lorsqu'il apprit la condamnation de de Thou, il ne douta point de sa perte : & durant trois jours qu'il demeura sans avoir aucunes nouvelles, il ne pensa qu'à se preparer à la mort. Neantmoins il n'y eut point d'arrest prononcé contre lui, soit par le défaut des preuves, soit par les instances du Vicomte de Turenne son frere. Il étoit déja dans une grande consideration, qu'il a depuis augmentée par tant d'actions extraordinaires, & de services signalez.

Mais ce qui sans doute contribua plus efficacement, que toutes choses, au salut du Duc de Bouillon, c'est que dés le moment que la Duchesse de Bouillon sa femme fut avertie de sa détention, elle fit partir pour la Cour Mademoiselle de Bouillon sa belle-sœur, Princesse de grand esprit, & tres-capable d'affaires. Elle la chargea de declarer de sa part au Cardinal, que si l'on faisoit mourir son mari, elle livreroit Sedan aux Espagnols ; & qu'afin qu'il n'en pût douter, elle avoit déja envoyé vers eux pour les faire approcher. Mais lorsque Mademoiselle de Bouillon vid de Thou condamné, elle retourna au Cardinal, pour lui dire qu'elle avoit pouvoir d'entrer en negociation, & de s'engager à toutes choses pour la vie & pour la liberté du Duc de Bouillon.

Enfin le Traité fut conclu. Il

fut arrêté que le Roi auroit Sedan, & qu'il en donneroit la recompense en terres dans le Royaume, que pendant qu'on travailleroit à l'execution des choses, le Duc de Bouillon sortiroit de prison, & les Troupes du Roi entreroient dans Sedan.

Le Cardinal Mazarin, creature du Cardinal de Richelieu y fut envoyé de la part du Roi pour prendre & pour donner toutes les suretez necessaires : Et la Duchesse de Bouillon persuadée que la vie & la liberté de son mari dépendoient de livrer Sedan, le livra du même esprit dont elle auroit pû recevoir une grace considerable, & prit le chemin de Turenne, pour aller trouver le Duc de Bouillon qui s'y étoit retiré.

LIVRE TROISIE´ME.

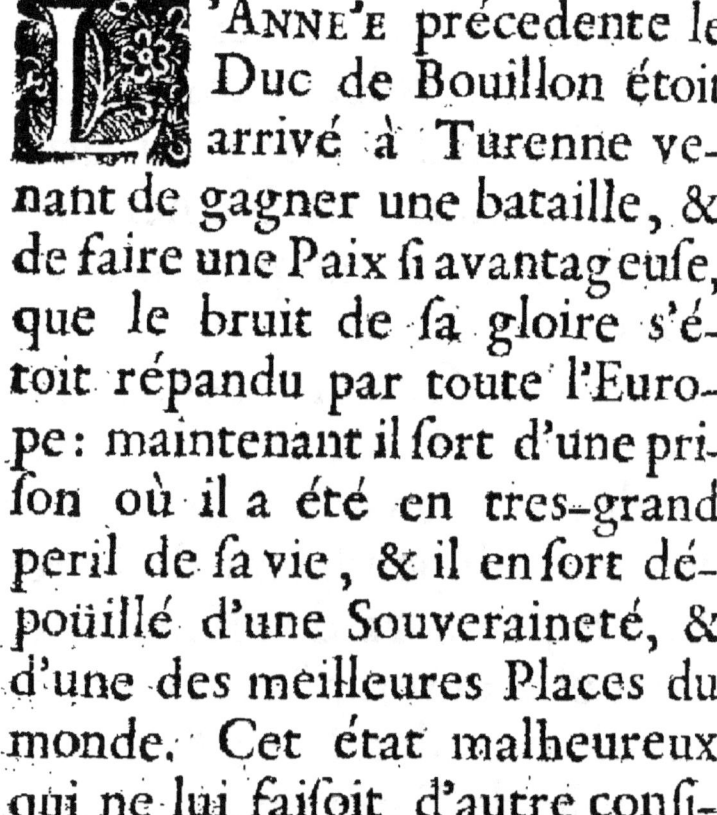'ANNE´E précedente le Duc de Bouillon étoit arrivé à Turenne venant de gagner une bataille, & de faire une Paix si avantageuse, que le bruit de sa gloire s'étoit répandu par toute l'Europe: maintenant il sort d'une prison où il a été en tres-grand peril de sa vie, & il en sort dépoüillé d'une Souveraineté, & d'une des meilleures Places du monde. Cet état malheureux qui ne lui faisoit d'autre consideration que celle de son merite personnel, n'empêcha pas neantmoins que la Noblesse des

Provinces voisines de Turenne n'accourut encore à foule pour le visiter; & comme on s'attendoit de le trouver dans une situation d'esprit conforme à celle de ses affaires, l'on ne pouvoit assez admirer que dans une fortune si differente, il ne parut en lui aucun changement.

Il s'entretenoit avec chacun comme il avoit accoûtumé, selon qu'il convenoit à la qualité des personnes, & à la portée de leur esprit : Mais il n'entra jamais en matiere pour faire son apologie sur ce qui venoit de se passer, ni pour insinuer les esperances qu'il pouvoit concevoir touchant l'avenir. Du reste, il prit une connoissance entiere du revenu & de l'état de ses Terres, examina la conduite de ses Officiers, établit en quelques-unes des Religieux pour prêcher contre la Religion pretenduë reformée, dont la plûpart des habitans faisoient profession. Il entra même en raisonnement sur la controverse avec plusieurs Gentilshommes, dont il y en eut quelques-uns qui firent abjuration, & termina les procés & les querelles de plusieurs autres. Chaque jour il donnoit quelques heures à la lecture, particulierement des saints Peres. Il alloit aussi assez souvent à la chasse, autant pour tenir son corps dans l'exercice des travaux militaires, que pour son divertissement. Il ne fit que tres-peu de visites, parce qu'encore que le Cardinal de Richelieu le regardât comme un Prince sans ressource, il ne laissoit pas de le regarder comme un Ennemi toujours prest à toutes sortes d'entreprises, lorsque l'occasion se presenteroit favorable pour sa vengeance, & pour le rétablissement de ses affaires. D'ailleurs il étoit averti que les Intendants & les Gouverneurs des Provinces voisines avoient ordre de l'observer. Ainsi il regardoit Turenne & ses autres Terres comme les lieux de son exil. Mais se comportant à la maniere que j'ai dit, il est aisé de juger qu'il n'en étoit point abbatu, & qu'il ne fit aussi qu'augmenter l'estime qu'on avoit déja de lui: tant il est vrai que lorsque la fortune a reduit les grands hommes à une vie privée, l'occupation qu'ils sçavent se donner, soûtient leur gloire & leur courage.

Quatre ou cinq mois aprés son

arrivée à Turenne, le Cardinal de Richelieu mourut à Paris. Dés le moment que le Duc de Bouillon en eut reçu la nouvelle, il donna ordre que dans toutes ses Terres l'on fit des prieres publiques pour lui, soit par le seul motif d'une pieté chrétienne, soit parce que la haine personnelle faisant peu d'impression sur les ames élevées, il est aisé de juger qu'elles ne peuvent la porter jusques dans le tombeau de leurs plus cruels ennemis?

Le Duc de Bouillon ne changea point de conduite par la mort du Cardinal de Richelieu. Mais la mort du Roi qui survint quatre ou cinq mois aprés lui, lui fit prendre de nouvelles resolutions. Voyant que la Reine avoit été declarée Regente, & Monsieur

Monsieur le Duc d'Orleans Chef du Conseil, le Duc de Bouillon eut sujet de croire, & toute la France crut avec lui, que c'étoit le plus grand avantage qui lui pouvoit jamais arriver. Il partit donc pour Paris. Il fut tres-bien reçû de la Reine & de Monsieur le Duc d'Orleans, & toute la Cour le regarda comme une personne qui ne pouvoit manquer de rentrer dans Sedan, & d'estre en plus grande consideration qu'il n'avoit jamais été. Cependant il vid refroidir peu à peu les manieres dont on l'avoit traité d'abord; & le silence sur ses affaires qu'on joignit à ce changement, commença à lui faire comprendre, que si l'on n'avoit pas entierement oublié les pertes qu'il avoit faites, & les perils qu'il avoit courus, le souvenir qui en restoit, étoit plus propre à rendre sa presence importune, qu'à inspirer des sentimens favorables. Il ne se peut rien ajoûter à la douleur qu'il eut de se voir dans un état si different de celui où il avoit dû s'attendre : mais il crut qu'il étoit de la prudence de dissimuler la connoissance qu'il avoit de ce dernier malheur ; & que cependant pour tâcher de sçavoir enfin à quoi s'en tenir, il faloit demander une audience à la Reine, & à Monsieur. Ils la lui promirent. Mais aprés avoir été plusieurs jours à lui assigner une heure, ils le renvoyerent enfin à l'Abbé de la Riviere, à qui ils donnerent ordre de l'aller trouver pour conferer avec lui sur ses prétentions.

Le Duc de Bouillon lui déclara qu'il étoit prêt d'executer le Traité d'échange de Sedan; mais qu'étant impossible que les évaluations qu'il faloit faire, les verifications, & tant d'autres formalitez absolument necessaires ne consommassent plusieurs années, il demandoit qu'en attendant on le remit en possession de la Place. Que ce n'étoit point qu'il eût dessein de la garder; qu'au contraire il la remettroit sans peine entre les mains du Roi dés le moment que sa recompense seroit prête. Que si elle l'étoit déja, & qu'il lui fut libre de choisir, il ne balanceroit pas à la recevoir; mais qu'il prévoyoit des longueurs & des chicanes infinies, si l'on y travailloit sans qu'on lui eût rendu Sedan, parce qu'alors on traiteroit l'affaire comme le regardant uniquement, au lieu que le voyant rétabli on la regarderoit comme celle du Roi, s'agissant d'étendre la frontiere par l'acquisition d'une souveraineté, & d'une Place tres-forte, & tres-importante. Que si toutes ces raisons ne pouvoient toucher la Reine & Monsieur, il croyoit devoir prendre la liberté de leur representer que l'un & l'autre pouvoient mourir avant que les choses fussent en état d'estre executées : qu'alors la perte de sa Maison seroit inévitable ; & qu'aprés tout ce qui s'étoit passé il y alloit de leur honneur, & de leur conscience de ne le pas exposer à ce dernier malheur. Il ajoûta qu'encore que sa Majesté & son Altesse Royale fussent les deux personnes du monde qui devoient le moins entrer en défiance de ses paroles, neanmoins pour marquer la bonne foi avec laquelle il vouloit proceder, il offroit d'entrer dans toutes les précautions qu'on voudroit prendre, même de donner Messieurs ses enfans pour ôtage.

L'Abbé de la Riviere répondit au Duc de Bouillon avec beaucoup de complimens. Mais il lui dit qu'ayant ordre seulement de l'écoûter, il ne pouvoit que l'assurer qu'il rapporteroit fidellement tout ce qu'il venoit de lui dire, & qu'il ne tiendroit pas à lui qu'il n'eut à lui rendre une réponse prompte & favorable.

L'Abbé de la Riviere, par la qualité de Favori declaré de Monsieur, a eu long-temps beaucoup de part aux plus importantes affaires de l'État; sur tout, pendant la Regence. Il étoit de Paris, d'une basse & pauvre famille. Il sçavoit les belles lettres. Il avoit de l'esprit, & s'en servoit agreablement, par tout où il s'agissoit du divertissement de son Maître. C'étoit le principal fondement sur lequel il s'étoit élevé auprés de lui. Mais aprés avoir été quelque temps l'arbitre & le ministre de ses plaisirs, il le fut aussi de ses affaires & de sa fortune. C'étoit un Courtisan tres-interessé, dur & violent dans son domestique, souple, & complaisant à ceux qui étoient au dessus de lui, mais rude & insupportable à tout le reste.

Pendant la minorité il fut nommé pour estre Cardinal.

Dans ce temps Monsieur s'apperçût qu'il découvroit ses secrets pour hâter sa promotion à Rome, & pour avancer sa fortune à la Cour. Alors il le chassa d'auprés de lui pour toujours. Mais sa disgrace n'a pas empêché qu'il ne soit mort Evêque & Duc de Langres, & dans une grande opulence, condamné de tout le monde pour avoir passé sa vie sans avoir fait un ami, & plus condamné encore pour n'avoir jamais voulu voir aucun de ses proches depuis le commencement de sa fortune.

Le Duc de Bouillon attendit durant plusieurs jours une réponse de la conference qu'il avoit euë avec l'Abbé de la Riviere, & voyant que tantôt soûs un pretexte, & tantôt soûs un autre il differoit à la lui rendre, il crut devoir s'adresser à la Reine, & à Monsieur directement. Mais ils éviterent de lui parler, & avec un air qui lui fit voir clairement qu'on n'avoit pas trop bien reçû ses propositions. Alors il retourna à l'Abbé de la Riviere, pour s'éclaircir enfin de ce qu'il avoit à pretendre. Aprés l'estre allé chercher plusieurs fois inutilement, un jour qu'il trouva dans son anti-chambre quelques personnes de qualité qui venoient de le quitter, il demanda aussi à le voir ; mais un valet de chambre lui vint dire en leur presence qu'il étoit sorti. Ce traitement acheva de mettre à bout la patience du Duc de Bouillon. Il ne pût s'empêcher de s'emporter, & de dire tout haut au valet de Chambre, qu'il pouvoit assurer son maître, que sans la consideration de Monsieur il le traiteroit de maniere qu'il se souviendroit toute sa vie d'avoir eu avec lui un procedé si mal honête. Cette rencontre fit un grand bruit dés le même jour: & comme les services qu'on ne veut pas recompenser produisent facilement des effets aussi dangereux que font les injures, la Reine & Monsieur prirent ce prétexte pour se délivrer de lui, & de ses prétentions. Ils proposerent au Conseil de le faire arrêter. Il en fut averti, & sans prendre congé, il se retira en poste à Turenne.

QUELQUES PARTICULARITEZ
DE LA VIE
ET DES MOEURS
DE HENRY
DE LA
TOUR D'AUVERGNE,
VICOMTE DE TURENNE.

JE ne prétends pas écrire ici la Vie du Vicomte de Turenne. Je souhaite pour sa gloire qu'il se trouve quelqu'un qui soit plus hardi que moi, & qui ait toute la capacité necessaire pour un dessein si vaste, & si penible par la grandeur du sujet. Mais quand personne ne voudroit l'entreprendre, l'on ne doit pas craindre que la memoire de tant de grandes actions qu'il a faites, se puisse jamais perdre. Il est impossible que sans faire son Histoire, on puisse écrire ce qui s'est passé en France depuis quarante ans. Cependant parce que j'ai eu l'honneur depuis plusieurs années d'entrer avec lui dans des affaires de la plus grande, & de la plus petite consequence, & qu'il arrive souvent aux Historiens d'ignorer, ou de négliger des particularitez essentielles, je veux tâcher par quelques traits historiques, & personnels, de laisser à la posterité une idée veritable de ce grand homme. Ce que je dirai à l'avantage de sa memoire sera d'autant plus digne de foi, que bien loin de m'avoir rendu suspect par ses bienfaits, il a ruiné ma fortune sans resource : mais je lui dois cette justice, qu'il l'a fait sans dessein de me nuire.

Henri de la Tour d'Auvergne, Vicomte de Turenne, étoit d'une taille moyenne. Il n'étoit ni gras, ni maigre. Sa démarche & toutes ses manieres paroissoient moins d'un homme audacieux que modeste & timide. Il avoit les cheveux chatains, la tête grosse, & un peu penchée ; le teint rouge, les yeux grands & plains de feu, mais couverts de gros sourcils joints ensemble. La forme de son visage étoit assez reguliere : Cependant avec un air riant, il avoit quelque chose de sombre, & ce mélange formoit une phisionomie assez extraordinaire, & tres-difficile à bien dépeindre.

Dans son bas âge il paroissoit d'une complexion délicate. Il n'eut pas même une santé bien affermie qu'aprés vingt ans. Il n'en avoit encore que neuf ou dix, lors qu'aprés s'estre dérobé de son Gouverneur, & s'estre fait chercher long-temps, on le trouva vers les dix heures du soir sur les remparts de Sedan, couché, & endormi sur un affust de canon, resolu d'y passer la nuit. Il avoit ouy dire au Duc de Bouillon son pere, qu'il voyoit bien que de long-temps il n'auroit assez de force pour soûtenir les travaux de la guerre, & ce jeune Prince avoit crû que cette épreuve suffiroit pour le détromper. Il commença son aprentissage en Hollande sous le Prince d'Orange son oncle, & il y fut envoyé n'étant encore que dans sa quatorziéme année.

Il avoit naturellement une inclination extraordinaire pour la guerre, & son inclination s'étant bien-tôt animée par le desir de la gloire, il s'attacha de telle sorte au métier, que dans sa plus grande jeunesse il ne parût veritablement sensible qu'à cette passion. Il acquit aussi une grande reputation en fort peu de temps, & ayant fait la guerre toute sa vie, & vêcu soixante-trois ans, il a parû enfin à tout le monde digne d'estre comparé aux plus grands Capitaines de l'antiquité. Il étoit né avec beaucoup d'esprit: mais on y a toujours remarqué moins de brillant & de netteté, que de profondeur, & de sagesse. Dans les affaires pressantes, & de consequence, il se déterminoit sans balancer, & il demeuroit ferme & fidelle dans le parti qu'il avoit embrassé : mais il y voyoit bien mieux la fin qu'on devoit s'y proposer, que les differentes voyes qu'il falloit prendre pour y parvenir.

Il a passé sa vie sans aucun démêlé personnel. Cependant dans ses commencemens il n'a pas toujours servi sous des personnes pour qui il eût une grande estime. Beaucoup aussi ont servi sous lui qu'il n'estimoit pas davantage. Et il a commandé avec d'autres fort incompatibles par leur humeur, & par leurs manieres, & plus incompatibles encore par l'émulation

& par la jalousie qu'ils avoient de sa gloire. Mais outre qu'il ne donnoit aucune créance aux raports, & qu'il méprisoit même les discours qu'on faisoit de lui; occupé d'un grand dessein, il s'embarrassoit peu des choses qui n'y apportoient pas un veritable obstacle. Jamais il n'a été tenté par le succés assuré & present d'une entreprise glorieuse pour lui, lors qu'il a crû qu'elle pouvoit interrompre le cours d'un dessein plus grand, & plus utile à l'Etat, quoique plus éloigné. Et de son naturel il alloit tellement au bien des affaires, que pour les faire réussir il a souvent sacrifié ce qui regardoit sa fortune particuliere, & quelquefois hazardé sa propre reputation. Loin de rejetter les mauvais évenemens sur les Officiers

ciers qu'il employoit à la guerre, il n'a jamais perdu aucune occasion de les consoler, & de relever leur courage, lorsqu'ils venoient d'éprouver une mauvaise fortune. Parmi tant de sujets de chagrin & de colere qu'il a eu depuis qu'il a commencé à commander, il n'a jamais offensé personne. On ne lui a pas même ouy dire une parole d'emportement dans son domestique ; & bien qu'il eût l'esprit doux & capable d'une grande patience, une vertu si rare, & pratiquée avec tant de constance, ne peut pas avoir été l'effet du seul temperament.

Un jour qu'il se preparoit à donner dans les lignes d'une Place assiegée, il trouva qu'il lui manquoit quelques outils, & se souvenant qu'un Maréchal de France qui commandoit une attaque en avoit de superflus, il lui en envoya demander par un de ses Gardes. Le Garde revint tout troublé, contant tout haut plusieurs choses desagreables que ce Maréchal lui avoit dites, en refusant de donner les outils. Le Vicomte de Turenne se tournant vers les Officiers qui se trouverent auprés de lui; puisqu'il est en colere, il faudra, dit-il, se passer de ses outils, & faire comme si nous les avions. Aprés cela il attaqua les lignes, les força, & eut toute la gloire de l'action.

A sa derniere campagne de Flandres, quelques Courtisans revinrent de l'Armée fort animez contre lui; mais sans avoir un fondement raisonnable. Cependant le Vicomte de Turenne, qui ne revint qu'environ un mois après le Roi, trouva que de leur mécontentement particulier ils en avoient fait naître un si general, qu'il n'y avoit presque personne dans toute la Cour qui ne se fist honneur de parler mal de lui, ou de s'en plaindre. Plusieurs de la cabale, quelques-uns même de la premiere qualité lui firent parler pour adoucir les choses, & demanderent à s'éclaircir avec lui. Toute sa réponse fut, qu'il ne vouloit point estre en éclaircissement; que c'étoit assez pour lui d'estre assuré de n'avoir donné sujet à personne de se plaindre: Mais qu'il ne desesperoit pas que dans une autre occasion, où peut-estre il auroit tort, Messieurs les Courtisans ne lui fussent favorables.

Enfuite ils retournerent tous chez lui, comme s'il ne fe fût rien paffé, & il agit avec eux comme s'il n'eut rien fçû.

Il étoit incapable de haine, mais il étoit capable d'amitié. On l'a vû fondre en larmes dans les ruës de Pontoife, fur ce qu'il venoit d'apprendre à la porte de la Ville, que le Duc de Bouillon fon frere y étoit perilleufement malade de la maladie dont il mourut; & fes larmes étoient d'autant plus touchantes & naturelles, qu'on voyoit bien qu'il eut voulu les retenir

Il parloit d'ordinaire de lui avec tant de modeftie & de fincerité, que s'entretenant avec un de fes amis deux ou trois jours aprés la mort du Duc de Bouillon, il lui dit ces propres mots : On croit que je sçai quelque chose dans la guerre, mais rien n'est plus vrai que je pouvois encore beaucoup apprendre de Monsieur mon frere : Et pour les affaires quels talens n'avoit-il pas au dessus de moi ? Il n'a pas toujours été heureux dans le choix de ses amis ; neantmoins il a pleuré la mort de quelques-uns, & sa bonté naturelle étoit si grande, qu'il n'a jamais pû s'endurcir parmi tant de sang qu'il a vû répandre, ni s'empêcher même d'avoir toujours dans l'esprit l'avancement de quelqu'un, malgré tant d'ingratitudes qu'il avoit éprouvées.

Pendant plusieurs années il a eu la fortune contraire dans la guerre. Il a même été regardé comme malheureux. Neantmoins dans les occasions qui ne lui ont pas réussi, la renommée a toujours rendu justice à son courage, & à sa capacité, & il a souvent acquis plus de gloire que ceux qui ont remporté l'avantage sur lui.

Il avoit une grande ambition, que la conjoncture des temps, & sa prudence lui firent presque toujours moderer, ou tenir cachée. Mais s'il eut vêcu dans les siécles si éloignez, & si favorables aux Conquerans, comme il ne donna jamais de bornes à sa gloire, il en eut donné facilement à sa fortune.

Pendant la regence en l'année 1649. Paris prit les armes pour chasser le Cardinal Mazarin. Le Vicomte de Turenne, soit par la fatale constellation qui regnoit alors, soit par les mécontentemens qu'il avoit de ce Ministre touchant sa fortune particuliere, & celle de sa maison, prit une resolution contraire aux interêts du Cardinal, mais qu'il n'envisageoit pas comme contraire au bien de l'Etat. Il commandoit l'Armée d'Allemagne composée de douze à quinze mille hommes, presque tous Etrangers. Il y étoit dans une veneration extraordinaire, qu'il ne devoit pas seulement à son grand merite, mais encore à son desinteressement, & à sa maniere de vivre avec les Troupes. D'ailleurs la plûpart des Officiers lui étoient redevables de leur avancement, & n'avoient presque aucun commerce à la Cour, que par son entremise. Enfin les Troupes lui étant entierement dévoüées, les principaux Officiers de l'Armée, qui étoient abſolument à lui, engagerent tous les autres à faire ſerment entre ſes mains, de ne ſuivre que lui ſeul.

Cet engagement fut encore celebre, & rendu public par le bruit des trompettes, & des tambours, & par les acclamations des ſoldats; de telle ſorte que dans un changement de parti, l'on n'a peut-eſtre jamais vû un conſentement ſi general, & des apparences d'un attachement ſi ſolide. Il declara aux François, & aux autres qui ne voudroient pas entrer dans ſes intereſts, qu'il leur laiſſoit la liberté de ſe retirer: mais il y en eut peu qui prirent ce parti. On marcha dés le lendemain pour venir en France; mais au troiſiéme jour de marche le Vicomte

Vicomte de Turenne s'étant avancé à Spire pour faire achever le pont où l'Armée devoit passer, Longpré Lieutenant Colonel du regiment d'infanterie de Vaubecourt, vint l'avertir en diligence, que Thoubal, & Chuft, deux Officiers Generaux étrangers, qui devoient neantmoins tout au Vicomte de Turenne, & en qui il avoit mis sa principale confiance, avoient passé la nuit à parlementer avec Hervard, envoyé par le Cardinal Mazarin, & porteur des ordres de la Reine, & de plusieurs lettres du Prince de Condé, pour les Officiers de l'Armée ; de telle sorte que gagnez par de grandes esperances, & par de grosses sommes d'argent, (que Hervard fit avancer sur son credit jusques à douze ou treize cens mille livres) ils firent changer en suite de sentiment à toute l'Armée; en sorte qu'elle marchoit déja d'un autre côté.

La resolution fut si grande & si prompte, que les mêmes Troupes qui peu de jours auparavant avoient fait paroître un si grand zele pour le Vicomte de Turenne, l'auroient infailliblement arrêté prisonnier, s'il ne se fût sauvé sans perdre de temps : Et ce fut alors, pour la premiere fois, qu'il reconnut combien il y a peu de sureté pour la vie, & pour la fortune des hommes, lorsque cette sureté n'a pour fondement qu'une puissance usurpée.

Cependant comme il étoit impossible qu'une démarche si extraordinaire demeurât sans quelque suite, le Vicomte de Turenne se trouva la Campagne suivante, pour procurer la délivrance des Princes de Condé & de Conti, à la tête de l'Armée d'Espagne, & donna la bataille de Rethel. Il la perdit: Et lors qu'il se vid hors d'état de pouvoir penser à autre chose, qu'à sauver sa personne, il se mit à l'écart des fuyards, monté sur un cheval blessé, & suivi seulement de la Bage Lieutenant de ses Gardes, dont le cheval étoit blessé aussi. Aprés avoir marché un peu de temps, ils virent cinq Cavaliers venir à eux à toute bride. La Barge dit au Vicomte de Turenne, je n'ai qu'un pistolet à tirer, & vous avez tiré les vôtres, Monsieur que voulez-vous faire? Mourir, dit-il, la Barge, plûtôt que de retourner en France servir de spectacle. Alors ils furent abordez par deux de ces Cavaliers qui marchoient un peu devant les autres. La Barge alla à un, & le tua de son pistollet. L'autre ayant joint le Vicomte de Turenne, le prit par le baudrier, & lui dit, bon quartier, Monsieur de Turenne, le Vicomte de Turenne le tua d'un coup d'épée. De ces trois Cavaliers qui resterent, l'un qui paroissoit un Officier tira un coup de pistollet au Vicomte de Turenne, & le manqua. Aprés ils se retirerent tous trois sans faire un plus grand effort, soit qu'ils fussent épouvantez de la mort de leurs compagnons, soit que le destin de la France voulut reserver ce Prince pour les grands services qu'elle en devoit retirer. En effet, le Vicomte de Turenne étoit perdu sans resource, son cheval & celui de la Barge n'étant plus en état d'aller ; mais la Vaux Officier de Cavalerie du Regiment de Beauveau passa dans cet instant, & lui donna le sien pour se sauver. Aprés ces deux actions, dont il ne s'est jamais souvenu sans douleur, & sans repentir, la posterité ne verra pas sans étonnement qu'il se soit trouvé l'année suivante à la tête d'une des Armées du Roi, & qu'on ait pris en lui une confiance entiere. Mais si l'on n'a pas d'exemple d'un changement si grand & si prompt, je laisse à l'histoire à faire voir en détail combien dans le reste de sa vie il s'en est montré digne par sa fidelité inviolable, & par ses grands services. Il commença à reparer les malheurs où il étoit tombé les deux années precedentes par deux actions qu'il fit en l'espace de douze ou quinze jours; l'une à Gergeau, l'autre à Blereau; & parce que je les ai veuës de prés, & que dans ces deux occasions il sauva deux fois l'Etat, & la personne du Roi, je ne puis m'empêcher de les conter.

Aussi-tôt que le Vicomte de Turenne eût reçû les ordres necessaires pour le commandement de l'Armée, il partit de Blois, où la Cour étoit alors, & s'avança du côté de Sully, & de Gien, pour assembler les Troupes qui devoient servir sous lui.

Le Roi n'alloit pas encore à la guerre. Il ne se mêloit pas aussi des affaires, à cause de sa grande jeunesse, & la Reine mere se reposoit entierement du gouvernement de l'Etat sur le Cardinal Mazarin.

Peu de jours aprés le départ du Vicomte de Turenne, le Roi partit aussi de Blois pour aller à Orleans ; mais Orleans lui ayant fermé les portes, on prit la resolution d'aller à Gien. Dans le temps qu'on passoit, sans aucune précaution, sous les murailles de Gergeau, petite Ville sur la riviere de Loire, le Baron de Syrop, qui commandoit l'Armée des Princes, attaqua le pont de Gergeau, à dessein de faire un passage, pour tomber dans la marche de la Cour. Il s'étoit déja rendu maitre de la porte qui est de l'autre côté de la riviere, & faisoit travailler à un logement vers le milieu du pont, pendant qu'on mettoit en batterie deux pieces de canon pour battre l'autre. Le Vicomte de Turenne qui s'étoit avancé pour venir au devant du Roi, entendant le bruit de la mousquetterie, quitta son chemin, & se jetta dans Gergeau. Il y trouva quelque infanterie, mais si mal pourveuë de munitions de guerre, que la plûpart des soldats n'avoient plus de quoi tirer. Voyant l'importance de l'affaire, il fit ouvrir la porte, & baisser le pont-levis ; & afin que les ennemis le pussent entendre, il commanda d'une voix élevée à l'infanterie qui bordoit la courtine, que sur peine de la vie personne ne tirât sans son ordre. En suite ayant fait mettre pied à terre à tous ceux qui se trouverent auprés de lui, & s'étant mis à leur tête, il alla aux ennemis l'épée à la main, les chaſſa du logement qu'ils avoient fait ſur le pont ; & malgré leurs efforts, & l'effet du canon, qui tua ou bleſſa huit ou dix perſonnes auprés de lui, il les repouſſa au delà de la rivere, & fit en ſuite rompre deux arches du pont, pour achever de mettre la Cour dans une entiere ſureté.

Le Roi arrivé à Gien, le Vicomte de Turenne en partit pour s'aller poſter à Briare, avec les Troupes qu'il avoit ramaſſées : & ayant apris que le Maréchal d'Hoquincourt, qui le venoit joindre avec un corps conſiderable, étoit aux environs de Bleneau, il alla viſiter ſon camp, & conferer avec lui.

Le Maréchal d'Hoquincourt avoit un grand courage naturel.

Il étoit capable de tout entreprendre, & de tout hazarder : mais il ne mettoit pas toujours la prévoyance & les grandes précautions en usage.

Aprés avoir visité ensemble quelques-uns des quartiers du Maréchal, le Vicomte de Turenne lui dit plusieurs fois, qu'il le trouvoit bien exposé, & qu'il lui conseilloit de se retirer du côté de Briare. Il répondit toujours qu'il n'avoit rien à craindre, & qu'une bonne garde remedieroit à tout. Cependant le Vicomte de Turenne ne fut pas plûtôt de retour à Briare, que le Maréchal fut attaqué. Le Vicomte de Turenne l'ayant appris en avertit la Cour, & marcha droit à lui avec les Troupes qui se trouverent à Briare, & aux environs. Il envoya ordre à celles qui étoient les plus éloignées de s'avancer inceſſamment ſur le chemin qui va de Briare à Bleneau, & fit marcher toute ſon artillerie. A demi-lieuë de Briare il apprit par les fuyards que le Maréchal d'Hoquincourt avoit été entierement défait. La nouvelle lui fut bien-tôt aprés confirmée par un priſonnier, qui l'aſſura auſſi que les ennemis venoient à lui, & qu'il les avoit laiſſez en marche. Tous les Officiers Generaux étoient d'avis qu'on allât à la perſonne du Roi, comme le ſeul parti qu'on avoit à prendre dans cette extremité, & avec des Troupes ſi inégales. Mais le Vicomte de Turenne, dans une contention d'eſprit proportionnée à l'importance de l'affaire & au danger, preſques ſans leur répondre, donnoit les ordres necessaires, marchoit toujours, & pressoit les Troupes de redoubler leur diligence. La Barge s'approcha de lui pour l'avertir que tout le monde murmuroit, & qu'on croyoit qu'il alloit tout perdre s'il ne retournoit à la personne du Roi. Le Vicomte de Turenne lui répondit, c'est une belle ressource aprés l'exemple qu'Orleans vient de donner, avant même qu'on ait reçû aucun échet ; où est-ce que l'on ouvrira les portes lorsque nous nous presenterons vaincus & fugitifs ; il faut périr ou tout sauver. Le jour d'auparavant, comme il retournoit du quartier du Maréchal d'Hoquincourt à Briare, il avoit remarqué un marais qui faisoit un long défilé. Le souvenir de ce marais lui étant venu alors dans l'esprit, il jugea par les reflections qu'il fit sur la scituation des lieux, que les ennemis pour venir à lui seroient obligez d'y passer. Dans cette opinion il y marcha sans balancer, & y arriva si propos, qu'il se trouva d'un côté du marais dans le temps que les Troupes ennemies commençoient à paroître de l'autre ; il n'avoit pas alors plus de trois mille cinq cens hommes. Cependant il arrêta une Armée victorieuse composée de treize ou quatorze mille, & commandée par le Prince de Condé.

A la Cour on étoit déja fort alarmé par la défaite du Maréchal d'Hoquincourt ; mais on y prit l'épouvante lors qu'on fut averti de la marche du Vicomte de Turenne. Car on ne douta point que le même malheur ne lui arrivât. Dans cette extremité on crut que l'unique ressource étoit de mettre la riviere de Loyre entre le Roi & les ennemis. La plus grande partie des équipages l'avoit déja passée. On commençoit à détendre l'appartement de la Reine, & l'on tenoit des pionniers tous prêts pour rompre les arches du pont, lorsqu'on apprît le grand succés du Vicomte de Turenne, & qu'on fut assuré, qu'aprés avoir vû retourner les ennemis dans leurs quartiers, il revenoit se poster à Briare avec son Armée.

Dés le même jour le Cardinal Mazarin lui écrivit, pour avoir son avis sur une relation qu'il vouloit envoyer en diligence à Paris, & dans les Provinces, afin de prévenir les bruits desavantageux qu'on y pouvoit semer. Cette relation commençoit par le conseil que le Vicomte de Turenne avoit donné le jour précedent au Maréchal de se retirer du côté de Briare. Le Vicomte de Turenne fit ôter cet article, disant que le Maréchal étoit assez malheureux, sans ajoûter à son malheur une circonstance si desagreable. Dans toute sorte d'affaires il usoit de peu de paroles. Il souffroit aussi avec peine les longs discours, & tous les détails inutiles. Il étoit distrait par sa grande application, & par là quelquefois assez obscur en ses raisonnemens. Sa profonde rêverie lui faisoit souvent faire des questions hors de propos, & prononcer des paroles qui n'avoient aucune liaison. Il prenoit quelquefois des aversions dont il ne revenoit pas facilement, & d'ordinaire il les prenoit plus sur l'air & sur les manieres des personnes, que sur les personnes mêmes. Par exemple, quelque brave que fût un homme il ne le pouvoit souffrir, s'il usoit à la guerre de quelque précaution extraordinaire contre les injures du temps. Pour ceux qu'il méprisoit entierement, de quelque qualité qu'ils pussent estre, ce n'étoit qu'avec une extrême peine qu'il se reduisoit à leur parler, & à garder avec eux les bien-seances necessaires: & le moyen le plus assuré pour attirer son mépris, c'étoit d'estre fanfaron, & de parler trop facilement de soi-même. Il souffroit avec peine qu'on qu'on le fist passer pour un homme toujours défiant, & souvent préoccupé; & soit pour couvrir ses défauts, soit parce que le cœur humain renferme d'ordinaire ces sentimens tres-opposez, il lui est arrivé quelquefois de dire des secrets qu'il faloit taire, & de vouloir paroître un homme juste, sincere, & éclairé, aux dépens même de ses proches, & de ses amis.

Cette peine qu'il avoit de voir qu'on étoit persuadé qu'il se prévenoit facilement d'inclination & d'estime, avoit tant de passion sur son esprit, qu'encore qu'il fût toujours porté à preferer ses amis dans les graces qui dépendoient de lui, & à les assister de son bien, ou à s'engager pour eux, toutesfois il étoit capable de parler avec moins de force & de hardiesse en leur faveur, qu'en faveur des personnes qu'on sçavoit lui estre indifferentes, ou suspectes: poussé d'un esprit d'équité, & par le seul motif des avantages & de la gloire du Roi, il a neantmoins souvent rendu de bons offices, & procuré des emplois à ceux qui ne l'aimoient pas; & tel s'est rêjoüi de sa mort, qui peut-être sans le sçavoir doit à ses suffrages la place qu'il occupe aujourd'hui.

Il a toujours aimé sa Maison: mais dans les commencemens il l'a beaucoup moins aimée que sa fortune; & dans la suite il a preferé sa gloire, & à sa fortune, & à sa Maison.

En toutes les rencontres il a secouru ses proches au delà de ses forces, & il s'est même dépoüillé en faveur de quelques-uns d'une partie de son patrimoine, plus touché de leur necessité que de ses propres besoins.

Il ne se ventoit jamais d'avoir donné, & il donnoit avec une pudeur tres-rare parmi les hommes, & tres-necessaire pour purifier la liberalité du faste & de la vanité qui l'accompagnent presque toujours. Cette vertu, qui n'est pas la vertu de la vieillesse, étoit en lui si naturelle, que dans ses dernieres années il répandoit l'argent avec plus de facilité qu'il n'avoit jamais fait. Enfin sous un Prince liberal & magnifique, & dans un siecle si fertile en grandes fortunes, il est mort avec beaucoup moins de bien qu'il n'en avoit eu de sa Maison.

Un jour quelques-uns de ses amis s'entretenans avec lui touchant les richesses, & lui faisant sur ce sujet des comparaisons & des railleries flatteuses : Il leur dit qu'il étoit vrai que jamais il n'avoit pû comprendre le plaisir qu'on pouvoit trouvrer à garder des coffres remplis d'or & d'argent ; que pour lui si à la fin de l'année il lui restoit des sommes considerables, il croyoit que cela lui feroit mal au cœur, comme si sortant d'un festin, on lui servoit encore un grand repas.

Estant dans la Comté de la Marck en Allemagne, le Comte de Conismar, Maréchal de Camp, lui proposa de lui faire gagner, par le moyen des contributions, cent mille écus en quinze jours ; il répondit en riant qu'il lui étoit bien obligé, mais qu'aprés avoir trouvé beaucoup de ces occasions sans en avoir profité, il n'étoit pas d'avis de changer de conduite à son âge.

Tous les soins qu'il avoit de sa personne n'alloient qu'à éviter la mal-propreté: le reste dépendoit de ceux qui le servoient, n'éxigeant en cela, ni en ce qui regardoit son service particulier, & l'ordre de sa maison, aucun soin, ni aucune assiduité: De sorte qu'à la Cour, comme à l'Armée, on arrivoit souvent dans sa chambre sans avoir trouvé aucun domestique à qui l'on pût s'adresser.

Il sçavoit toujours ses affaires en gros, mais il entroit rarement dans le détail: Il s'exprimoit avec quelque difficulté, qu'on voyoit augmenter à proportion qu'il étoit preffé par les affaires. Il parloit d'ordinaire d'un ton de voix affez élevé, clair & ferme tout enfemble: Mais quand il difoit quelque fecret de la moindre confequence, il croyoit ne parler jamais affez bas, & l'opinion qu'on avoit de fa défiance étoit fi bien fondée, qu'il lui eft arrivé rarement d'avoir le cœur foulagé de la confidence qu'il venoit de faire. Il étoit infatigable d'efprit & de corps. Sa fanté depuis quarante ans n'avoit jamais été interrompuë que par une fiévre de huit ou dix jours, & par quelques legeres attaques de goute, peu de temps avant fa mort.

Dans les affaires de confequence, faciles ou difficiles, il agiffoit avec la même vigilance, ne préfumant, & ne defefperant jamais du succés, toujours plus prests à prendre des précautions superfluës, qu'à oublier les necessaires. Il ne s'épargnoit jamais les fatigues, & il les épargnoit aux autres, autant que le service le pouvoit permettre. Il avoit toujours de grands desseins, & tous ses projets dans la guerre étoient fondez sur une grande sagesse, & sur une prévoyance extraordinairement étenduë : mais lorsque par la rencontre, & par la necessité des choses, il falloit se commettre à la fortune, il s'y abandonnoit avec toute la hardiesse & toute la gayeté d'un jeune homme.

Ceux qui servoient sous lui, ne sçavoient presque jamais ses desseins, que dans le moment qu'il falloit agir. Il étoit plus capable qu'homme du monde de ruïner une Armée ennemie, par des forces beaucoup inferieures ; & de terminer avantageusement une campagne, dont on avoit eu sujet de tout craindre.

Dans le commencement d'une grande journée de guerre, on ne remarquoit en lui rien d'extraordinaire ; mais à proportion que l'affaire s'embarquoit, & qu'elle devenoit difficile, on le voyoit s'élever, & pourvoir à tout avec une liberté d'esprit, & une fermeté de courage dont peu d'hommes sont capables dans les perils de longue durée. Cependant il étoit timide à la Cour, timide dans la societé, & peu habile dans les affaires ordinaires. On remarquoit aussi du changement visible

visible dans son air, & dans ses manieres. Du moment qu'il étoit à l'Armée il y charmoit tout le monde, par une façon de vivre gaye & facile. Jamais il ne s'enfermoit pour travailler. Ses portes étoient toujours ouvertes, & on ne voyoit aucune marque d'ostentation, ni de faste dans ses paroles, ni dans ses actions : mais réduit par la paix à la vie privée, la suspension de la gloire veritable, qu'il trouvoit toujours dans la guerre, laissoit quelquefois place dans son cœur, à des mouvemens d'une autre gloire, moins solide, qui rendoit son commerce plus difficile, même à ses meilleurs amis.

L'état d'un Favori faisoit d'abord quelque impression sur son esprit; mais retenu par sa gloire, ou par la crainte des suites, il a toujours preferé sa liberté, aux attachemens qui pouvoient aider à sa fortune ; & gardant sagement les mesures convenables à l'état des personnes, il a passé les temps les plus difficiles sans concert, & sans liaison particuliere, s'est soûtenu lui-même, & a parlé avec la hardiesse & la liberté d'un homme de bien, lorsqu'il l'a crû absolument necessaire ou à sa gloire, ou au service de son Maître.

Aprés qu'il eut gagné la bataille des Dunes, & pris Dunkerque, le Cardinal Mazarin souhaita ardemment de pouvoir s'attribuer la gloire de ces deux grands succés. Il voulut que le Vicomte de Turenne lui écrivît une lettre, qui marquât qu'en effet ils n'étoient dûs qu'à lui seul, qu'il avoit pensé & projetté les choses dans son cabinet, & qu'on n'avoit fait precisément qu'executer ses ordres. Il n'a peut-estre jamais paru dans ce Ministre une passion plus vive qu'en cette rencontre. Il mit l'affaire entre les mains du Comte de Moret, Gentilhomme d'un grand sens, & d'un rare merite, son Favori, & ami intime du Vicomte de Turenne.

La Cour étoit alors à Calais, & le Vicomte Turenne aux environs de Dunkerque. Le Comte de Moret alla deux ou trois fois vers lui sous d'autres pretextes, mais en effet pour cette seule affaire. Le Comte de Moret faisoit tous ses efforts pour ôter de l'esprit du Cardinal une pensée qui convenoit si peu à son état, & à sa profession. Il n'oublioit rien de tout ce qu'il jugeoit pouvoir porter le Vicomte de Turenne à mettre à prix la complaisance qu'on desiroit de lui en cette occasion: Mais dans l'embarras d'un negociateur bien intentionné, qui n'avance rien, il se crût enfin obligé de dire nettement au Vicomte de Turenne, qu'il avoit tout sujet de craindre qu'un refus absolu n'eût des suites tres-desagreables pour sa fortune, puisque sur les premieres difficultez qu'il avoit faites, le Cardinal avoit témoigné une aigreur extraordinaire contre lui.

Le Vicomte de Turenne qui n'avoit pas été ébranlé par les esperances, ne le fut point par la crainte ; Il répondit toujours les mêmes choses qu'il avoit répondües d'abord ; que le Cardinal pouvoit faire mettre dans l'Histoire tout ce qui flatteroit davantage son ambition, & qui seroit capable de faire croire à la posterité, qu'il étoit un grand Capitaine ; mais que pour lui, il ne lui seroit jamais reproché d'avoir donné un titre pour autoriser une chose si contraire à son honneur, & à la verité.

Presque en ce même temps le Roi tomba malade à Calais, & fut si malade qu'on le crût mort. Le Cardinal ne se croyant pas fort bien dans l'esprit du Duc d'Orleans, Frere unique du Roi, voulut s'assurer de ceux qui étoient auprés de lui ; mais il eut sujet de croire qu'ils ne lui seroient pas favorables. Dans cette extremité il eut recours au Vicomte de Turenne. Son dessein étoit de l'aller joindre, en cas qu'il fût contraint de sortir de la Cour. Il lui envoya le Comte de Moret pour l'engager à s'offrir à lui, & pour l'obliger à s'assurer de l'Armée. Le Comte de Moret avoit ordre de negocier cette affaire avec beaucoup d'adresse, & d'insinuer les choses au lieu de les dire. Mais comme il sçavoit que c'étoit la maniere la moins propre pour réussir auprés du Vicomte de Turenne, il lui parla à son ordinaire sans détour, & sans finesse. Le Vicomte de Turenne promit d'abord qu'il parleroit, & agiroit publiquement comme ami du Cardinal ; Qu'il representeroit même à Monsieur, s'il parvenoit à la Couronne, qu'en l'état où étoient les choses, il seroit tres-dangereux d'ôter les affaires à un Ministre si capable, & si établi. Le Comte de Moret jugeant que le Cardinal ne seroit pas satisfait de cette réponse, representa au Vicomte de Turenne tout ce qu'il crut capable de le porter à faire ce qu'on demandoit de lui. Il lui dit entr'autres choses, qu'il ne faloit pas craindre que jamais le Cardinal pût se resoudre à former un parti en France, & qu'infailliblement la Reine mere soûtiendroit sa fortune : qu'on ne pouvoit douter ni du crédit qu'elle avoit sur l'esprit de Monsieur, ni de sa protection pour le Cardinal ; & qu'ainsi en offrant de s'attacher aveuglement aux interests de ce Ministre, le Vicomte de Turenne pouvoit, sans rien hazarder, se faire un merite auprés de lui, dont il se souviendroit toujours. Le Vicomte de Turenne répondit, qu'il y avoit beaucoup d'apparence que les choses se passeroient en cette maniere; mais il ne voulu jamais promettre que ce qu'il venoit d'offrir, ajoûtant qu'aucun avantage, quelque grand qu'il pût estre, n'étoit capable de l'obliger de donner des paroles qui pourroient dans la suite l'exposer à la necessité, ou de manquer, ou de retomber dans les malheurs dont il étoit sorti.

Le Cardinal fut en effet si peu content de cette réponse, qu'aprés avoir juré plusieurs fois la perte du Vicomte de Turenne, il dit encore beaucoup de choses extraordinaires, tantôt d'un esprit emporté, tantôt d'un courage abattu : Mais le Roi guerir, & sa guerison, ou la continuation de la guerre, firent que le Cardinal oublia, ou suspendit son ressentiment.

Il se plaisoit avec les gens de lettres & de bon sens ; mais il n'avoit aucun ménagement pour les beaux esprits de profession : ils n'ont jamais été compris dans ses liberalitez, & il n'a pas eu aussi beaucoup de part à leurs ouvrages.

Libre d'affaires, il aimoit à se réjouïr, surtout dans ses repas, mais sans excés. Il rioit facilement des discours & des railleries agreables ; railloit lui-même assez finement, mais toujours avec beaucoup de discretion, & d'humanité. Il étoit touché des productions d'esprit vives & naturelles, aimoit la lecture des bons Livres, sur tout des Histoires. Il en faisoit son profit, mais il n'en parloit presque jamais.

Il ne pouvoit supporter un moment la flaterie, comme flaterie; mais quand elle étoit cachée sous les apparences d'une amitié veritable, & qu'on prenoit des occasions naturelles de le louër, il entroit facilement en matiere; & alors un flateur pouvoit s'insinuer dans son esprit, s'établir dans sa confidence, & en retirer des avantages. Il étoit né dans la Religion pretenduë reformée. Il en fit profession plus de cinquante ans, sans en estre beaucoup instruit. A cet âge il commença à douter, & sans s'en ouvrir à personne, il tâcha de s'éclaircir par la lecture. La lecture ne servit qu'à fortifier ses doutes, & à les multiplier. Alors il falut en venir aux conferences, mais par maniere de conversation seulement, de peur de donner à connoître son état. La Reine mere le découvrit: elle lui en parla, & lui fit même témoigner qu'outre les considerations de son salut, il y en avoit de temporelles, qui la portoient à souhaiter ardemment de le voir Catholique. Ce discours capable de faire de grands effets sur l'esprit de beaucoup d'autres, suspendit tous les bons mouvemens du Vicomte de Turenne, & le jetta pendant quelques années dans une grande paresse de s'éclaircir davantage; car il est vrai qu'il craignoit que sa conversion ne fut suivie de quelque grace éclatante, capable de faire mal juger de la pureté de ses intentions, & d'apporter une tache à sa gloire. Mais à la fin pressé de sa conscience, il parla assez ouvertement de ses doutes, tantôt à l'Evêque de Tournai, tantôt à l'Evêque de Condom, & à Monsieur de Boucherat Conseiller d'Etat (& à présent Chancelier de France) ses amis particuliers, en qui il prenoit grande confiance. Il s'en ouvrit encore davantage avec le Cardinal de Bouillon son neveu, dont Dieu se voulût servir pour achever la conversion de ce grand homme. Enfin convaincu qu'il étoit hors de la veritable Eglise, il alla faire son abjuration entre les mains de Monsieur l'Archevêque de Paris, sans l'avoir averti que la veille.

Il y fut seul avec Monsieur de Boucherat, à present Chancelier, qu'il avoit prié de s'y trouver, & sans avoir declaré son dessein que peu de jours auparavant. On a eu des preuves évidantes de la sincerité de sa conversion pendant tout le reste de sa vie. Il l'a aussi témoignée par son Testament, qui a paru depuis sa mort. Car aprés avoir remercié Dieu de lui avoir fait connoître la verité, il fait des dispositions considerables, pour contribuer par ses bienfaits à la subsistance de ceux qui suivroient son exemple. Pour cet effet, il donne aux pauvres qui se convertiroient à Sedan, & dans les Terres qui en dépandent, la somme de cinquante mille livres; & aux pauvres qui se convertiroient à Negrepelice, la somme de vingt mille livres; & aux pauvres qui se convertiroient à Castillion, pareille somme de vingt mille livres: lesquelles sommes il prétend estre distribuées aux pauvres qui se convertiroient dans lesdits lieux, ou mises en rente pour leur estre distribuées, le tout à la discretion du Cardinal de Bouillon, & de Monsieur de Boucherat (maintenant Chancelier) qu'il prie estre les Executeurs de son Testament. Ce Testament est ponctuellement executé à toutes les occasions par le Cardinal de Bouillon, & Monsieur de Boucherat.

L'amour & la veneration que les Troupes avoient toujours euës pour lui, s'étoient beau-

coup augmentées dans les dernieres Campagnes : cela parut entr'autres occasions l'année devant sa mort, lorsqu'au milieu de l'Hyver il fit cette marche si extraordinaire pour aller attaquer les Ennemis à
en Allemagne.

Toutes ses Campagnes depuis la guerre contre la Hollande, contiennent des prodiges de valeur & de capacité qui fourniront de matiere à plusieurs volumes, pour peu qu'on veüille entrer dans le détail : Mais aprés avoir échappé à une infinité d'occasions perilleuses depuis cinquante ans qu'il faisoit la guerre, son Armée & celle des Ennemis étant en presence à Sulsbac en Allemagne, il fut emporté d'une volée de canon tirée presque au hazard, dans un lieu où l'on dreſſoit une batterie. Il reçût le coup au milieu du cœur, dans l'inſtant qu'il arrêtoit ſon cheval pour parler à Saint Hilaire Lieutenant de l'Artillerie.

Saint Hilaire eut un bras emporté du même coup, & dit une choſe digne de memoire à deux de ſes fils qui pleuroient de le voir dans cet état. Ha mes enfans, dit-il, ce n'eſt pas moi qu'il faut pleurer, c'eſt ce grand homme, en montrant le Vicomte de Turenne : c'eſt la perte irreparable que la France vient de faire.

L'on n'a peut-eſtre jamais vû aucun exemple d'une affliction tout enſemble ſi generale, & ſi grande ; & je ne croi pas que celle du peuple Romain, aprés la mort de Marcellus

cellus, de Germanicus, & de Tite, puisse estre comparée à l'état où toute la France fut en cette rencontre : Sur tout il est impossible d'exprimer la douleur des Troupes. Elle parut encore quelques jours aprés sa mort d'une maniere bien vive & bien naturelle.

Ceux qui commandoient l'Armée ayant fait faire alte pour tenir conseil sur le poste qu'il falloit prendre, les soldats ennuyez de voir qu'on demeuroit long-temps à se resoudre, commencerent à dire hautement, & tout d'une voix, les voila bien empêchez, ils n'ont qu'à lâcher la pie (c'étoit un excellent cheval connu de toute l'Armée, que le Vicomte de Turenne montoit ordinairement) & là où ce pauvre cheval s'arrêtera, c'est là qu'il faudra camper.

Dans les Provinces éloignées, où ce Prince n'étoit presque connu que par sa reputation, la nouvelle de sa mort ne laissa pas de faire une impression surprenante. La Noblesse & les peuples furent durant quelques jours incapables d'autre chose que de parler de la grandeur de cette perte. Plusieurs le pleurerent sans l'avoir jamais vû. Les uns excitez à la douleur par le souvenir de ses actions, les autres par la consideration des services qu'il pouvoit encore rendre, & tous generalement sensibles au recit du malheur extraordinaire par où venoit de finir la vie de ce grand homme.

A Paris, & dans les Provinces voisines, & particulierement dans celles qui sont frontieres des Païs où se fait la guerre, les regrets furent encore plus vifs & plus tendres, parce qu'on le connoissoit davantage, & qu'on étoit accoûtumé à le voir revenir tous les Hyvers chargé d'une nouvelle gloire. Enfin il sembloit que sa perte fût la défaite entiere d'une Armée où chaque particulier, de tous les corps de l'Etat, eût perdu son bien, ou son meilleur ami.

Puisque de son vivant il a parû une comparaison de Cesar & de lui, je croi pouvoir faire remarquer, que si le peu de raport qu'il y a entre la domination d'un Monarque, & celle d'une Republique, les a fait

Y ij

marcher à la gloire par des routes bien differentes, il n'y a pas moins de difference dans leur mort.

Cesar fût assassiné dans la paix par ses propres Citoyens, qu'il avoit opprimez; & le Vicomte de Turenne aimé de tout le monde a perdu la vie les armes à la main, en servant son Roi & son Païs, sans autre interest que celui de son devoir & de sa gloire.

Il commença à paroître sous le Regne de Loüis XIII. & soûtenu de son merite & de sa qualité, il passa sans faveur & sans disgrace tout le temps que le Cardinal de Richelieu fût le maître des affaires.

Sous le ministere du Cardinal Mazarin, la fortune le traita

diverſement; mais il eut toujours ſujet de s'en loüer pendant les vingt dernieres années de ſa vie. Il trouva mille occaſions d'acquerir une gloire que toutes les Hiſtoires de l'Europe immortaliſeront, & il s'eſtima encore plus heureux de les paſſer ſous un Roi en qui il a trouvé toutes les qualitez qu'on peut deſirer en un Maître, & qui l'a traité avec tant de confiance & d'eſtime, qu'il a pû l'aimer comme ſon ami.

Je laiſſe à ceux qui feront ſon Hiſtoire à dire juſqu'où il avoit porté la gloire des armes du Roi dans cette derniere guerre, & quelles étoient ſes penſées touchant les affaires d'Allemagne. Perſonne n'a ſçû bien certainement par quels motifs il avoit fait une marche si longue & si difficile, pour aller prendre le poste où il fût tué : On sçait seulement que peu d'heures avant sa mort, il s'étoit promis de grands avantages de cette derniere journée de sa vie ; & il étoit si éloigné de toute présomption, que quand il commençoit à bien esperer de ses entreprises, on pouvoit prendre ses esperances pour la certitude entiere d'un heureux succés ; de sorte que si ceux qui se trouverent à la tête de l'Armée aprés sa mort ont merité des éloges & des recompenses, le Vicomte de Turenne n'étant pas moins au dessus d'eux par sa grande capacité dans la guerre, que par la qualité de General, on a sujet de croire que l'évenement d'un dessein qu'il avoit medité si long-temps, auroit pû estre encore plus grand & plus glorieux.

FIN.

3977

www.ingramcontent.com/pod-product-compliance
Lightning Source LLC
Chambersburg PA
CBHW050644170426
43200CB00008B/1142